Wir schaffen das *nicht*!

Warum Deutschland in der Flüchtlingskrise *jetzt* umsteuern muss

Wir schaffen das *nicht*! - Warum Deutschland jetzt umsteuern muss

Impressum

© Michael Berlach, Hans-Much-Weg 12, 20249 Hamburg. Für Anregungen, Kontakt und Hinweise wenden Sie sich bitte an

michael.berlach.autor@gmail.com

Rezensionen, Hinweise und Anregungen auf Amazon und andernorts sind vom Autor gerne erwünscht. Vielen Dank für Ihr Interesse!

„Jeder hat das Recht, seine Meinung in Wort, Schrift und Bild frei zu äußern und zu verbreiten (...)“

Artikel 5, Absatz 1, Grundgesetz

Inhalt

Drei simple Worte als Brandbeschleuniger

Es waren drei einfache Worte, gesprochen von einer deutschen Bundeskanzlerin, und einige Selfies mit Flüchtlingen, die im August 2015 eine schlichte Krise zum Desaster werden ließen: "Wir schaffen das!". Wie sollen drei simple Worte das bewirken? Ist es nicht eher so, wie Kanzlerin Merkel selbst entnervt Journalisten entgegnete: "*Glauben Sie im Ernst, das ein Selfie mit Flüchtlingen jemanden dazu bewegt, zu einer solch gefährlichen Reise aufzubrechen?*".

Ja, das tun wir. Und zwar aus zwei Gründen: Erstens wirken Bilder und kurze Schlagwort-Botschaften weitaus stärker, als jede ausgefeilte Neujahrsansprache oder Bundestagsrede, der im modernen Medienzeitalter ohnehin nur Wenige Gehör schenkt. Merkel, die eigentlich keine Medienkanzlerin ist, hat die perfekte Twitter-Formel gefunden: "Wir schaffen das!" passt in jeden Tweed, auf jedes Plakat, in jede SMS.

Der zweite Grund, warum diese Worte für die Katastrophe wie ein Brandbeschleuniger wirkten, ist fast noch gravierender: Eine Regierungschefin, die einmal zu einem Kurs gefunden hat, kommt davon kaum wieder weg, ohne erst Recht Kritik zu ernten. Das heißt, selbst wenn Merkel im Nachhinein begriffen hat, dass das nicht ihr hellster Moment war, konnte sie den Satz kaum ohne Weiteres zurückziehen. Sie ist nun daran gebunden. Für die Flüchtlinge zu kämpfen heißt für Merkel nun zugleich: Für ihre eigene politische Zukunft kämpfen.

Denn längst ist Merkels eigenes politisches Schicksal untrennbar mit der Flüchtlings-Frage verknüpft. Die oberste Verwalterin, so wirkte Merkel über Jahre hinweg, hat in Krisen auch in der Vergangenheit nur bedingt eine gute Figur gemacht. Ihre Stärken spielt sie aus, wenn es dem Land gut geht und die Ressourcen lediglich verteilt, also in sachlicher und behutsamer Beamtenmanier verwaltet werden müssen. Jetzt in der Krise ist klare Führung gefragt. Ebenso ein Gefühl für die Sorgen und Befindlichkeiten des eigenen (!) Volkes und der Mut zu unbequemen Entscheidungen.

Doch Merkel ist in die Falle getappt: Verdächtig analog denkende Tugendbolde in deutschen Redaktionen haben lange Zeit eine einheitliche, geradezu gleichgeschaltete Wir-müssen-helfen-Romantik verbreitet und die deutsche Bundeskanzlerin ist nicht die erste, die die öffentliche Meinung mit der veröffentlichten Meinung verwechselt.

Von Redakteuren im Elfenbeinturm

Dabei haben die Medien wie üblich nicht die geringsten Skrupel gezeigt, mit verdeckten Lügen und Halbwahrheiten Meinungsmache zu betreiben. Was auf den ersten Blick vielleicht wie ein übertriebener Vorwurf erscheint, lässt sich minutiös beweisen: Gelogen haben vor allem die Bilder. Journalisten wussten von Anfang an ganz genau, dass insbesondere junge, islamisch geprägte Männer ins Land strömen.

Gezeigt wurden jedoch ständig Bilder von jungen Familien und besorgt dreinblickenden Vätern und Müttern mit ihren Kleinen auf dem Arm. Bilder also, die das Herz anrühren und Mitleid statt Angst wecken. Alles aus Sorge, dass die Stimmung kippt, wenn die Deutschen merken, dass da eine Armee von jungen Männern Asyl sucht, die mehrheitlich islamisch, überwiegend antisemitisch und vielfach frauenfeindlich geprägt ist. Im Ergebnis ist es so, dass man als Medienkonsument für Zeitungen und Zeitschriften bezahlt, die einen dafür zum Dank umerziehen wollen und mal mehr, mal weniger offen dirigieren wollen.

Und die Halbwahrheiten? Seit Jahren üben sich die Medien einheitlich in Euphemismen und Beschönigungen. Was in der übrigen Wirtschaft längst das Kartellamt auf den Plan rufen würde, ist in der Meinungsmacher-Branche offenbar völlig legitim: Gemeinsam hat man sich verabredet, junge türkisch- oder arabischstämmige Straftäter nicht als solche zu benennen, sondern nur noch neutral von "Straftätern" zu sprechen, damit die Deutschen nicht ausländerskeptischer werden, als sie ohnehin schon sind.

In den Redaktionen von Spiegel, Süddeutsche, ZEIT und Co. scheint man uns nicht zu trauen. Gerne dürfen wir als Abonnenten und Käufer die Gehälter der hochtrabenden Besserwisser bezahlen, um uns dann von denselben Leuten hinters Licht führen zu lassen.

Ein solches Verhalten als unverschämt zu bezeichnen, ist noch freundlich ausgedrückt. Kein Wunder, dass sich viele einfache Menschen bei Demonstrationen und im Internet Luft machen und die ganze Branche über einen Kamm scheren und als "Lügenpresse" titulieren. Interessanterweise vollzieht sich innerhalb der Medien gerade ein vorsichtiger Schwenk nach Rechts. So wie bei der ZEIT beginnen immer mehr liberal geprägte Redaktionen, offenkundige Wahrheiten auszusprechen, wie es konservative Zeitungen wie die FAZ und die WELT schon früh getan haben. Tägliche Massenschlägereien, Vergewaltigungen und sonstige kriminelle Aktivitäten in Flüchtlingsunterkünften lassen sich nicht mehr leugnen und werden offenbar selbst den Schreiberlingen in ihren Elfenbeintürmen langsam unheimlich.

Übrigens ist es leicht, großzügig Willkommensparolen auszurufen, wenn man selbst gar nicht betroffen ist. Millionen Migranten die auf den Arbeitsmarkt drängen, liefern sich einen Verdrängungswettbewerb mit jenen, die da heute arbeiten. Das ist eine von vielen ungern gehörten Wahrheiten. Dagegen muss sich wohl kaum ein Journalist Sorgen machen, dass ihm ein Syrer und Afghane den Job streitig macht.

Komplexe Probleme vertragen kein Schwarz-Weiß-Denken

Dabei ist nichts gewonnen, wenn wir nicht auch unbequeme Wahrheiten benennen. Natürlich sind unter den Flüchtlingen viele Menschen, denen auch wirklich geholfen werden sollte. Hilfsbereitschaft und Mitleid sind deutsche und abendländisch-christliche Werte, die auch in diesen Tagen wieder zum Tragen kommen: Ohne hunderttausende ehrenamtliche Helfer und Spender wäre der Ansturm längst in einer humanitären Katastrophe gemündet und die Regierung Merkel stünde vor den Scherben ihrer Kanzlerschaft. Die Bilder von jungen deutschen Ehrenamtlichen an deutschen Bahnhöfen sind weitaus sympathischer als jene von Neo-Nazis, die vor Flüchtlingsheimen randalieren.

Doch stellt sich immer noch die Frage, *wie* genau man hilft. Ich kann ein noch so guter Gastgeber sein - am Ende des Abends schicke ich meine Gäste nach Hause. Ich biete ihnen nicht an, bei mir wohnen zu bleiben und ich mache auch nicht ihre Religion zu meiner Religion.

In meinem Haushalt beleidigt keiner der Gäste meine Frau, weil sie eine Frau ist oder erzählt uns, was wir von Juden, Christen und anderen zu halten haben. Da herrscht sozusagen die häusliche "Leitkultur" und wem das nicht passt, der kann gerne vorzeitig aufbrechen. Ist das extrem oder ein Zeichen arroganter deutscher Selbstherrlichkeit? Offenbar ja, wenn man dem Mainstream aus übrig gebliebenen Altachtundsechzigern, linken Multikulti-Träumern und den selbsternannten Aushilfspädagogen in den Redaktionen Glauben schenken mag.

Es ist nicht weniger als ein Kulturkampf der da im Gange ist. Hier die selbstherrlichen Akademiker, die nichts zu befürchten haben und sich in Selbstbeweihräucherung gegenseitig erzählen, dass sie faschistisches Gedankengut in Schach halten und dort einfache Menschen, die hin und her gerissen sind zwischen abendländischer Hilfsbereitschaft einerseits und der Angst, dass die Flüchtlingskrise unser Land so verändert, dass es nicht mehr wieder zu erkennen ist.

Dabei ist diese Sorge nicht nur berechtigt, sondern Gewissheit. In diesen Tagen veröffentlichte das Max-Planck-Institut eine Analyse des renommierten amerikanischen Anthropologen und Migrationsforschers Steven Vertovec, der mit seiner Forschung Regierungen und

Organisationen in aller Welt berät. Vertovec zieht einen Vergleich zum Mauerfall in Deutschland und schreibt:

> *„Deutschland erlebt eine beispiellose Zuwanderung, die das Land grundlegend verändern wird.“* Weiter schreibt er: *„Es ist in Deutschland üblich, die Formulierung „seit der Wende“ zu gebrauchen, wann immer von Entwicklungen nach der Wiedervereinigung die Rede ist. Die sozialen Transformationen, vor denen Deutschland steht, werden von einer solchen Größenordnung sein, dass man zwar nicht von einer „zweiten Wende“ sprechen wird. Aber „seit der Flüchtlingskrise“ wird wohl eine ebenso geläufige Wendung werden“.*

Im öffentlich-rechtlichen Fernsehen und andernorts sitzen die Protagonisten zusammen und tragen die Argumente aus – und tags darauf sind sich alle Medien einig, wer der Böse ist. Zugegeben – die Kritiker der gegenwärtigen Flüchtlingspolitik sind nicht immer geschickt in der Wahl ihrer Worte. Vielleicht ist der ein oder andere auch menschlich unsympathisch. Doch die gelenkte Diskussion erweckt den Eindruck, als ob *alles* was aus dieser Ecke kommt, falsch sei. Als ob die Welt schwarz / weiß sei und für jeden offenkundig sein müsste, was sozusagen „Gut“ und was „Böse“ ist, im medialen Diskurs.

Sich da als Journalist auf den fahrenden Zug zu schmeißen ist billig und simples Mitläufertum. Eine differenzierte Debatte findet nicht statt und jeder, der auf Gefahren aufmerksam macht, wird sofort öffentlich-medial hingerichtet und diffamiert, so als ob er der letzte Nazi sei. Der bayerische Ministerpräsident Seehofer kritisiert, das aus Berlin nur „warme Worte und kluge Sprüche“ kommen? Schon titelt der Spiegel, das Sturmgeschütz der Meinungsgleichschaltung: „Der dunkle Deutsche“. Frontale Diffamierung für Andersdenkende.

Worauf steuern wir zu und wie lässt es sich vermeiden?

Dieses Buch hat sich dreierlei vorgenommen: Es wird aufzeigen, das die eigentliche nationale Notlage mit geschätzt 10 Millionen Einwanderern noch bevorsteht und dabei minutiös darlegen, weshalb diese Menschen in der Mehrheit nicht ernsthaft in Deutschland bleiben können. Und es wird drittens zeigen, welche Schritte jetzt notwendig sind, um die deutsche Kultur vor einer spürbaren Islamisierung zu schützen.

Denn in der Tat haben wir nur eine Chance: Wir müssen erstens an jene, die sich auf den Weg machen das Signal senden: Spart Euch den Weg, wir haben unsere Belastungsgrenzen bereits überschritten! Grenznahe Transitzonen können da als Signal das pragmatische Mittel der Wahl sein. Zweitens müssen wir jene, die bereits hier sind, mittelfristig – nicht langfristig – in ihre Heimatländer oder in grenznahe Flüchtlingslager zurück senden. Dort werden sie im Übrigen zum

Aufbau gebraucht. Üblicherweise sind es nämlich die vergleichsweise leistungsfähigen, die sich körperlich und finanziell in der Lage sehen, die teure und beschwerliche Reise nach Europa auf sich zu nehmen. Sollten wir die Reisenden auch sofort abweisen oder mit eine Zaun schlicht draußen halten, wie es das angeblich christliche Ungarn tut? Soll man entkräftete, erschöpfte und vielleicht oftmals kranke Menschen ins Niemandsland zum Sterben schicken? Wohl kaum. Auch hier gilt wieder, dass es in dieser komplexen und emotionalen Debatte keine simplen Antworten geben kann.

Nicht jeder der Neuankömmlinge ist durch die Hölle gegangen. Wer sich die Szenerie der Neuankömmlinge auf deutschen Bahnhöfen ansieht, weiß das. Doch einige schon. Es entspricht deutschen und überhaupt abendländischen Werten, dass wir Mitleid zeigen und hilfsbedürftige Menschen physisch und wenn nötig medizinisch versorgen. *Danach* aber kann man sie dennoch zurücksenden. Das ist weder zynisch noch herzlos – es ist pragmatisch und ein Gebot des Selbstschutzes.

Leider wird die deutsche Debatte im Moment von einem Entweder/Oder bestimmt: Die ganz Rechten fordern Grenzzäune und lassen jede Humanität vermissen, der ganze Rest dagegen scheint davon auszugehen, dass man sich auf Millionen Zuwanderer in kürzester Zeit einzustellen hat, die dann auch bleiben müssen. Dabei fordern differenzierte Probleme selbstverständlich differenzierte

Lösungen, die andere Länder übrigens gefunden haben, wie im weiteren Verlauf noch dargelegt wird.

Fassen wir zusammen: Die Deutschen an sich sind hochgradig hilfsbereit und geben zu Hunderttausenden ihre Zeit und ihr Geld, um die Not der Flüchtlinge zu lindern. Es ist diese deutsche Hilfsbereitschaft, die uns derzeit auf der ganzen Welt in ein gutes Licht rückt und die in Wahrheit mehr Anlass zum Stolz bietet, als gewonnene Fußballweltmeisterschaften oder Papstwahlen.

Doch zugleich wächst bei der Mehrheit der Deutschen täglich die Sorge vor einem unkontrollierbaren Zuzug von Menschen, die nicht nur nicht unsere kulturellen Werte teilen – sondern die das vielfach auch gar nicht wollen. Das zumindest lehrt uns die bisherige Geschichte der Immigration in Deutschland. Diese Menschen stellen in der Masse eine Gefahr für unsere Werte und unsere Kultur dar. Selbst Experten wie der an anderer Stelle zitierte Steven Vertovec, die dem Zuzug augenscheinlich offen und bedingungslos wohlwollend gegenüberstehen, räumen ein, dass diese Völkerwanderung eine Zäsur für das Land darstellt.

Schon heute lassen sich Bundespolitiker dafür feiern, dass sie sagen: „Der Islam gehört zu Deutschland“. Nein, was sind wir modern und fortschrittlich. Wird es in zehn oder zwanzig Jahren heißen: „Deutschland ist ein islamisches Land“?

Deutschland in 20 Jahren – ein Ausblick

Räumen wir mit einer stumpfsinnigen Behauptung doch gleich von Beginn an auf. Immer wieder wird von linken Politikern und von Journalisten behauptet: Niemand weiß, wie viele noch kommen und deshalb dürfen wir auch gar nicht erst schätzen. Jede Zahl die in den Raum gestellt wird, wird sofort als unseriös und als "Angstmachen" diffamiert. Das ist natürlich eine bequeme Haltung. Doch ist das eine verantwortungsvolle Haltung? Schwerlich.

Ein Unternehmen das vor einem größeren, schwer kalkulierbaren Problem steht, kann auch nicht in den Kopf in den Sand stecken und sagen: *„Wir wissen es ja noch nicht!"* Jeder Vorstand, jeder Geschäftsführer der so handelt, verhält sich nicht nur grob fahrlässig sondern macht sich wegen offenkundigem Missmanagement schadensersatzpflichtig.

Wie also handelt ein Unternehmen? Nach den Grundsätzen des gewissenhaften Kaufmanns wird konservativ geschätzt. Es wird nicht schöngefärbt. Wenn es dann am Ende weniger schlimm kommt als befürchtet - prima! Alle freuen sich! Doch mit einer solchen Haltung plant man nicht. Man geht zunächst von Worst-Case-Szenarien aus und stellt sich darauf ein.

Wem der Vergleich zu sehr hinkt, kann auch gerne den Privathaushalt bemühen. Wir alle planen vorsichtig und bemühen uns bei drohendem Ungemach, mit den Zahlen zu arbeiten, die wir haben. Natürlich gibt es auch Menschen, die vor Problemen die Augen verschließen und Rechnungen einfach nicht mehr aufmachen. Dafür gibt es dann die geordnete Privatinsolvenz. Ich fürchte, für einen Staat gibt es ein solch geordnetes Verfahren nicht. Die Regierung hat daher tunlichst ihrer Pflicht zu genügen und vorausschauend zu planen.

Nachdem dieses Vorurteil ausgeräumt ist: Wie groß ist das Problem eigentlich in Zahlen gemessen? Die schlechte Nachricht lautet, wir haben es mit einer Art "Schneeballsystem" zu tun. Die gute Nachricht: Es lässt sich jetzt noch stoppen. Inwiefern ein Schneeballsystem?

Weil wir es mit drei Wellen zu tun haben. Jede von ihnen bringt Millionen Migranten mit sich, und jede beruht logisch auf der vorhergehenden Welle. „Migration bewirkt weitere Migration", sagen Experten dazu. Die meisten Schätzungen gehen davon aus, dass nun mittelfristig mindestens eine Millionen, eher eineinhalb Millionen Asylsuchende ins Land strömen. Wohlgemerkt: Zusätzlich zu den genau 8.152.968 Ausländern, die es laut amtlichen Quellen Ende 2014 bereits im Land gab.

Bei einem 81-Millionen-Volk sind das also bereits heute rund 10 %. Wie kommt es, dass wir "gefühlt" weit mehr als 8,2 Millionen Ausländer haben? Weil weitere ungefähr 7,2 Millionen Menschen eingedeutscht wurden und nun als sogenannte "Deutsche mit Migrationshintergrund" aus der Ausländerstatistik verschwinden. Konkret sind das aber häufig Leute, die sich trotz Pass im Alltag nicht als Deutsche fühlen und auch nicht so auftreten. Die Türkenflagge auf dem typischen 3er BMW oder tiefer gelegten Mercedes verdeutlicht, in welcher Kultur sich diese Personen wirklich zu Hause fühlen. Ein Klischee? Gewiss – doch an der Wirklichkeit geht es deshalb noch lange nicht vorbei. Festzuhalten ist also, dass heute schon ungefähr jeder fünfte Einwohner Ausländer ist oder zumindest ausländische Wurzeln hat. Die Tabelle zeigt die zehn häufigsten Herkunftsländer 2014. Syrien, der Irak und Afghanistan fehlen, was einmal mehr zeigt, wie volatil Migrationspolitik ist und wie schnell sich hier die Nachrichtenlage ändert.

Herkunftsland	**Anzahl der Ausländer**
Bulgarien	183.000
Kosovo	184.700
Serbien	202.200
Russland	221.400
Kroatien	263.400
Griechenland	328.600
Rumänien	355.300
Italien	574.500
Polen	674.200
Türkei	1.527.100

Doch bleiben wir bei der aktuellen Welle und gehen konservativ schätzend von 1,5 Millionen Flüchtlingen aus, die schon kurzfristig hier eintreffen. Gibt es Grund zu der Annahme, dass wir diese Leute in unser Wertesystem, in unseren Arbeitsmarkt und in unser Rechtssystem integrieren können?

Bei denen, die bereits hier leben, ist das vielfach und per Saldo zweifellos nicht gelungen. Ausländer werden bei weitem häufiger straffällig, tun sich mit dem hiesigen Ausbildungs- und Arbeitsmarkt schwer und halten von unserer Kultur oftmals wenig bis gar nichts. Angesichts arabischer Demonstrationen die durch Berlin Mitte ziehen und „Juden ins Gas" skandieren, müssen wir uns eingestehen: Von Integration ist da nicht viel zu sehen. Deshalb werden die Frauen und Mädchen auch mit dem Kopftuch vor die Tür geschickt und die Söhne werden zu kleinen Machos herausgezogen, denen man beibringt, unbedingt die ach-so-wichtige Ehre und den Stolz zu verteidigen. Auch wenn die eigene Lebensleistung vielleicht im Einzelfall wenig hergibt für diesen unermüdlichen Stolz, der da in deutschen Fußgängerzonen und an deutschen Schulen zur Schau getragen wird. Freilich – die Deutschtümelei irgendwelcher Schulabbrecher, die mit Springerstiefeln, Bomberjacke und Glatze durch unsere Fußgängerzonen ziehen, beruht auch nicht gerade auf selbst erbrachten Leistungen.

Zum Teil liegt das zweifellos auch an der mangelnden Strahlkraft der deutschen Kultur. Wenn wir den Vergleich mit den USA ziehen: Die Einwohner sind stolz auf ihr Land, in vielen Vorgärten hängen amerikanische Flaggen und der American Way of Life, wiewohl mittlerweile mehr Folklore als Realität, wird als amerikanisches Ideal hochgehalten. Von Neuankömmlingen wird erwartet, sich von der Leitkultur assimilieren zu lassen und nicht schlecht über ihre neue Heimat zu reden. Falls ein Amerikaner mal auf die Idee kommt, eine Fremdsprache zu lernen, hat er nicht die geringsten Bedenken, dass man den US-Akzent weiterhin hört. Franzosen, Briten und Spanier übrigens auch nicht.

In Deutschland hingegen werden wir schon in der Schule dazu erzogen, mit ironischer Distanz auf unser Land zu blicken. Wer englisch lernt, bemüht sich, dies möglichst akzentfrei zu tun. Gerade so als ob er sich schämt, dass man die deutsche Herkunft heraushören kann. Wir alles wissen, dass es für diese Haltung einen nachhallenden Grund gibt und dass dieser in der Geschichte des Landes liegt. Doch egal ob man diese Haltung der Deutschen zu ihrem Land nun sympathisch findet oder nicht, so muss man sich jedenfalls nicht wundern, wenn diese doppelbödige und selbstkritische Haltung bei Einwanderern nicht auf fruchtbaren Boden fällt und wenig Liebe zum Land auslöst.

Es gibt die alte Kalenderspruchweisheit, die da lautet: „Wenn Du geliebt werden willst, musst Du Dich erst mal selbst lieben". Es mag sein, dass diese simple Weisheit auch auf das Land zutrifft. Wenn wir selbst unsere Kultur nicht lieben und nicht mit einem gewissen Stolz hochhalten, können wir schlecht erwarten, dass es Ausländer und Neubürger plötzlich für uns tun.

Doch kommen wir nach diesem Exkurs auf die Frage zurück, ob es uns gelingen kann, Millionen Menschen zu integrieren. Wie wahrscheinlich ist es denn, dass es uns glückt, im Hau-Ruck-Verfahren ausgerechnet bei 1,5 Millionen Neuankömmlingen das zu erreichen, was bei denen, die schon hier sind, in Jahrzehnten nicht gelungen ist? Jeder, dessen Intelligenzquotient nördlich der 90-Punkte-Marke liegt, mag sich diese Frage selbst beantworten.

Kommen wir zur zweiten Welle. „*Wir rechnen damit, dass im Zuge des Familiennachzugs sehr viele Frauen und Kinder nachkommen*", erklärte Familienministerin Schwesig noch Anfang Oktober, kurz bevor ihr vonseiten der Medien der reflexhafte Vorwurf gemacht wurde, sie würde Panik verbreiten.

Was ist mit Familiennachzug gemeint? Es gibt natürlich einen Grund dafür, dass vorwiegend junge Männer ins Land kommen: Es werden die Söhne und Männer auf die beschwerliche Reise vorgeschickt, damit sie hier ein Aufenthaltsrecht erwerben. Sobald sie das haben, wird offiziell der Familiennachzug beantragt. Allein reisende Minderjährige dürfen nach deutschem Recht ihre Eltern nachziehen und die Männer ihre Ehefrauen und Kinder. Die BILD-Zeitung zitierte im September aus einem internen ministerialen Papier, demzufolge mit einem Faktor von 4 bis 8 gerechnet wird. Demnach ziehen die Migranten neben ihren Frauen im Allgemeinen also drei bis sieben

Kinder nach (!). Hochgerechnet auf die 1,5 Millionen, die kurzfristig in der ersten Welle erwartet werden, müssen wir demnach mittelfristig von sechs bis zwölf Millionen Einreisewilligen ausgehen. Lassen wir das zu, dann kommen noch einmal so viele, wie heute schon hier sind.

Angesichts der weit überwiegend muslimisch geprägten Flüchtlinge stellt sich dann nicht mehr die Frage, ob der Islam zu Deutschland gehört. Es stellt sich dann eher die Frage, wann die erstarkte arabische Gemeinschaft im Land damit beginnt, Deutschland als muslimisches Land zu betrachten. Es wird dann auch nicht lange dauern, bis die ersten opportunistischen Politiker fordern, dass unsere Kinder in der Schule die Suren des Koran gleichberechtigt neben biblischen Geschichten von Jesu Geburt, dem Abendmahl und anderem ehedem deutschen Kulturgut zu lernen haben.

Gehen wir also konservativ geschätzt von mindestens acht Millionen Immigranten aus. Und die dritte Welle? Sattsam bekannt ist, dass Menschen aus den einreisenden Kulturen im Allgemeinen weitaus gebärfreudiger sind, als die Deutschen. Die Medien würden sich hier wie gewöhnlich in Schönfärberei flüchten und von "familienorientierten Kulturen" sprechen. Nennen Sie es, wie sie wollen: Diese Leute legen mehrheitlich großen Wert auf eine große Kinderschar, während wir Deutschen es gerne bei einem oder zwei bewenden lassen.

Nehmen sie das Beispiel eines Flüchtlingscamps in jordanischen Zaatarie. Mit 80.000 Bewohnern ist es einer der größten Zufluchtsorte überhaupt. Halten sich die Menschen in dieser temporären

Übergangssituation voller Entbehrungen und angesichts der schlechten humanitären und hygienischen Bedingungen mit ihren Kinderwünschen zurück? Die Zahlen sprechen für sich: Jeder fünfte Flüchtling dort ist unter fünf Jahren alt und jede Woche werden allen Ernstes etwa 80 neue Kinder geboren!

Sicher – man kann das als unrepräsentativ oder sogar als polarisierend angreifen und behaupten, dass die Kulturen der unterschiedlichen Flüchtlingsgruppen aus Syrien, dem Irak, Afghanistan und Bosnien – um nur einmal einige der großen Herkunftsstaaten zu nennen – untereinander durchaus heterogen sind und sich Verallgemeinerungen verbieten.

Doch in Wahrheit sind Verallgemeinerungen im Moment das einzige Mittel, um sich dem Phänomen anzunähern, dass sich gegenwärtig in Europa und insbesondere Deutschland abspielt. Wir hangeln uns vom Größeren zum Kleineren und wenn genauere Daten zur Verfügung stehen, bewerten wir diese gerne. Und wer sich die Erregungskultur deutscher Medien ansieht – egal ob bei Jauch im Fernsehen oder in den Feuilletons oberlehrerhafter Medien – der wird schnell feststellen, dass ohnehin alles in Abrede gestellt wird, was den Damen und Herren Journalisten nicht in das einheitliche Weltbild passt.

Was heißt das, bezogen auf die angenommene mittelfristige Zahl von acht Millionen Einwanderern? Die Geburtenrate ausländischer Frauen liegt bei etwa 1,6 während sie bei deutschen Frauen bei etwa 1,3 liegt. Allerdings sind bei den 1,3 Kindern pro deutscher Frau auch die "deutschen" Frauen mit Migrationshintergrund inbegriffen, vielleicht läge sie sonst eher bei 1,2 oder 1,1. So dramatisch ist der Unterschied natürlich nicht und das hat seinen Grund: Mit wachsendem Wohlstand neigten die Menschen immer schon dazu, ihre Geburtenrate selbst herunter zu schrauben.

Wie viele Zuzügler nun im Rahmen dieser drei Wellen insgesamt in den nächsten ein oder zwei Jahrzehnten auf Deutschland zukommen, kann letztlich natürlich notwendigerweise nur eine grobe Schätzung sein. Eine Wackelige noch dazu, denn die Schätzungen potenzieren sich ja. Doch auch wenn das Datenmaterial zur Zeit noch Schwächen hat – staatliche Stellen und wir alle müssen uns auf die Zahlen stützen, die wir haben. Denn das einzige, was noch schädlich wäre, als ungenaue Zahlen zu verwenden, wäre eine Vogel-Strauß-Politik. Konservativ gerechnet ist es daher wohl nicht unvernünftig, von etwa 10 Millionen Menschen auszugehen, die sich aus der gegenwärtigen Krise ergeben, wenn nicht rechtzeitig gegengesteuert wird.

Von Parallelgesellschaften und Ghettos – Integration in Deutschland

Anfang 2015 war Michel Houellebecq mit seinem Roman „Unterwerfung" für eine Weile auch über die Feuilletons hinaus das Gespräch der Stunde. Er entwirft ein Zukunftsszenario für das Jahr 2022, indem die muslimischen Bevölkerungsgruppen in Frankreich so stark wachsen, dass sie die wichtigste Partei im Land stellen. Ein charismatischer und mehrheitsfähiger muslimischer Parteiführer schafft es, auch dank schwächlicher französischer Herausforderer, die Wahl für sich und seine Partei zu gewinnen.

In der Folge wandelt sich das Land rasch mithilfe saudischen Geldes und opportunistischer französischer Eliten zum muslimischen Gottesstaat mitten in Europa und voilà – die Riege muslimischer Staaten hat einen weit vorgelagerten Außenposten, tief im Herzen der westlichen Welt. Das ehemals französische Volk ist zahlenmäßig zurückgedrängt worden, auf den Straßen herrscht muslimische Kleiderordnung und französische Männer haben sich sehr rasch an die Polygamie und saudisches Geld gewöhnt. Der Roman thematisiert damit, was nicht nur die Rechten schon lange argwöhnen: Die still voranschreitende Islamisierung Europas.

Einige Monate nach Erscheinen des Romans kann von „stiller" Islamisierung zumindest in der Bundesrepublik keine Rede mehr sein. Muslime drängen zu Millionen ins Land und warten ungeduldig darauf, ihre Verwandten und Clans im Rahmen der Familienzusammenführung ebenfalls ins Land zu holen. Saudi-Arabien bietet mit falscher Großzügigkeit an, 200 Moscheen in Deutschland bauen zu wollen, um den Flüchtlingen eine Gebetsstätte zur Verfügung zu stellen. Natürlich zusätzlich zu den Moscheen, die schon überall im Land verstreut stehen.

Das Buch ist mit Ironie aufgenommen worden und man neigt stets dazu, den Autor nicht übertrieben ernst nehmen zu wollen. Houellebecq provoziert eben gerne und lotet Tabus aus – was soll's. Dennoch könnte er mit seinem Roman näher an der Wirklichkeit liegen, als uns allen lieb ist. Deutschland ist seit Jahren ein Einwanderungsland. Doch das heißt nicht, dass uns die Integration der Zuwanderer gut gelingt. Wie stellt sich das Zusammenleben bislang dar?

Fehler der Vergangenheit

Gerne mag man einräumen, dass die deutsche Politik ja nun in der Vergangenheit dieses und jenes falsch gemacht habe und die Einwanderung nicht optimal gestaltet habe. Es ist der Lieblingssport linker Kommentatoren, bei dieser Frage sofort uns selbst verantwortlich zu machen und gar nicht erst die Debatte darüber zuzulassen, was man eigentlich Einwanderern abverlangen kann.

Doch welche Möglichkeiten hat die Politik eigentlich in einem Land, in dem ernsthaft Empörung herrscht, weil die bestehende Kultur als Leitkultur herangezogen werden soll? Allenthalben wird beklagt, man müsse sich an den USA orientieren – dort klappe das so toll mit dem Einleben der mexikanischen Immigranten. Schon nach kurzer Zeit würden sich alle als Amerikaner fühlen.

Nun denn – wer sich eine Weile mit den USA beschäftigt wird jedoch schnell feststellen, dass der amerikanische „Way of Life" unzweifelhaft als die Leitkultur angesehen wird. Dort kommen die gewählten Volksvertreter nicht auf die dämliche Idee, die USA müssten halt eben „mexikanischer" werden. Ein derart entspanntes Verhältnis zu unserem Land und zu unseren Symbolen haben wir geschichtsbedingt eben nicht. Doch auf die USA zu verweisen und zugleich die deutsche Leitkultur ablehnen – viel widersprüchlicher geht es wohl nicht.

Einwanderungsland USA – was machen die besser?

Ein Land das seit Jahrzehnten für eine vergleichsweise geregelte und funktionierende Einwanderungspolitik gepriesen wird, sind also die USA. Können wir von den Amerikanern lernen? US-Präsident Obama selbst äußerte unlängst: *„Unser Einwanderungssystem ist kaputt und jeder weiß es“*. Übertrieben große Erwartungen sollten wir also nicht hegen. Eines haben uns die USA jedoch voraus. Wer einfach über die Grenze geschlendert kommt, ist automatisch illegal im Land und muss damit rechnen, aufgegriffen und zurück zur Grenze gefahren zu werden. Es kommt darauf an, woher man stammt. Die legale Einwanderung wird über Konsulate gesteuert. In Deutschland ist man ebenfalls automatisch illegal im Land, wird aber nicht zurückgeschickt.

Bis 1980 verhielt es sich wie folgt: Auf Grundlage einer Quotenregelung gab es eine definierte Zuwanderungsrate pro Jahr. Es wurden also 150.000 Menschen jährlich zur Einwanderung zugelassen und die Quote bestimmte, wie viele woher kommen durften. Damit sollte verhindert werden, dass unerwünschte Volksgruppen, z. B. aus Osteuropa, in zu großer Zahl ins Land gelangten. Menschen aus China, Japan und weiten Teilen Afrikas wurden damit sogar fast vollständig draußen gehalten, was immer wieder zu Kritik und Forderungen nach Reformen führte. 1965 wurde die Quotenregelung tatsächlich gekippt.

Vergleichen wir den Ansatz mit der Bundesrepublik, dann fällt auf, dass wir im Gesetz keine Höchstgrenze definiert haben. Die Logik ist: Wir gewähren ja Menschen in Not Asyl, da können wir keine Obergrenze definieren. In normalen Zeiten ist das ein großzügiger Ansatz, für Krisenzeiten wie wir sie gegenwärtig erleben, ist das jedoch in der Praxis noch untauglicher als früher schon. Die Höchstgrenzen benötigen wir schon alleine deshalb, damit wir auf unsere europäischen „Partner" Druck ausüben, gelegentlich auch einmal in die Breche zu springen.

Schon 1952 führten die USA die Regelung ein, dass Personen mit gefragten Qualifikationen bevorzugt wurden. Hierzulande rümpfen viele Meinungsführer in den Parteizentralen und Redaktionen die Nase, wenn sie von diesem praktischen Ansatz hören. In der Ära Reagan ging der US-Arbeitsmarkt zunächst in den Keller, so dass die Regierung zum Schutz des eigenen Volkes die Einwanderungsquote zurückdrängte. Im Zuge dessen wurden die Grenzkontrollen zu Mexiko verschärft, Schwarzarbeit wurde bekämpft und Langzeitillegalen wurde Amnestie angeboten, wenn sie aus dem Schatten traten.

1995 wurde die Einwanderungszahl auf 675.000 begrenzt – wohlgemerkt ohne Ausnahmen für Familiennachzügler. Gegenwärtig gelangt etwa eine Million Einwanderer jährlich in die USA. Zum Vergleich: Die USA haben vier mal so viele Einwohner wie Deutschland, und Deutschland soll nun in kürzester Zeit eineinhalb Millionen Asylsuchende aufnehmen.

Es wird niemanden wundern, dass die Terroranschläge vom 11. September 2001 auch in die Einwanderungsfrage neue Dynamik brachten. Einmal mehr fragte man sich, wen man da eigentlich ins Land lässt. Die Verantwortung für Einwanderung und Grenzschutz ging nun auf die neugeschaffene Riesenbehörde mit dem merkwürdigen Namen „Heimatschutzministerium" über. Nicht-amerikanische Personen konnten nun auf Grundlage des PATRIOT-Gesetzes für lange Zeit in Untersuchungshaft genommen werden und die rechtliche Grundlage für die Abschiebung von Immigranten wurde noch einmal verschärft.

Sieht man sich den Unterschied an zwischen den Gesetzen einerseits und der gelebten Praxis andererseits, dann fällt auf, dass ähnlich wie in Deutschland auch in den USA praktisch vieles gemacht wird, was eigentlich offensichtlich nicht Wille des Gesetzgebers gewesen sein kann. So sollen illegale Einwanderer eigentlich abgeschoben werden, sobald man sie aufgreift. Andererseits kommt es aber in großer Zahl vor, dass Kinder von illegalen Immigranten das komplette amerikanische Schulsystem durchlaufen. Ein dauerhafter legaler Aufenthaltsstatus ist damit inkonsequenterweise dennoch nicht verbunden. Das die einzelnen amerikanischen Bundesstaaten im Detail noch unterschiedliche Gesetze und Vorgehensweisen pflegen, macht die Sache auch nicht einfacher.

Und wie sieht der Unterschied zwischen Theorie und Praxis in Deutschland aus? Hier wird zum Beispiel nur ein Bruchteil der

Abschiebebescheide auch durchgesetzt. Es reicht ja, dass die Flüchtlinge ihre Papiere „verlieren“ und schon weiß man nicht mehr, wohin man sie abschieben soll. Es hilft auch nicht, ein vermutetes Land einfach auszuwählen – die nehmen ihren mutmaßlichen Landsmann ohne Papiere auch nicht zurück.

Ob ein Vergleich mit den USA, die nun mal durch zwei Ozeane von den Kriegsgebieten dieser Erde getrennt sind, überhaupt trägt, mag dahingestellt sein. Was wir von diesem Einwanderungsland lernen können, ist jedoch gewiss dreierlei: Einwanderung lässt sich mit einer jährlichen Quote angemessen begrenzen, Einwanderungspolitik darf auch nach Qualifikationen fragen und Einwanderung sollte geordnet über Konsulate erfolgen. Deutschland dagegen füllt Zehntausende Menschen in Ungarn in Züge, lädt sie in deutschen Großstädten ab und die Kommunalverwaltung vor Ort kann sehen, wie sie damit klarkommt. Höchstgrenzen nach oben werden als kaltherziger Pragmatismus abgelehnt und das an die beruflichen Fähigkeiten angeknüpft wird, gilt weiterhin vielen Meinungsführern im Land als inhuman.

Nach diesem kleinen Exkurs auf amerikanische Migrationspolitik wollen wir uns wieder der Frage zuwenden, wie es um die Integration derer bestellt ist, die schon seit Jahren oder Jahrzehnten im Land sind. Dazu gehört zwangsläufig die Befassung mit unangenehmen Fakten: Mit Kriminalität etwa, die unter Migranten deutlich höher ist, als im

Schnitt der Gesamtbevölkerung und auch mit Ghettobildung in deutschen Großstädten.

Einige ernüchternde Fakten zur Kriminalität

Wer sich mit Kriminalitätsstatistiken befasst und hieraus valide Schlüsse ziehen möchte, begibt sich schnell auf dünnes Eis und die nachstehenden Ausführungen werden auch zeigen, weshalb. Dabei scheinen die Zahlen zunächst eine klare Sprache zu sprechen:

Die Statistik auf der nachfolgenden Seite zeigt die offiziellen Zahlen des Statistischen Bundesamtes von 2013 zur Kriminalität von Ausländern in Deutschland. Obwohl der Anteil der hier lebenden Menschen mit ausländischem Pass bei etwa 10 Prozent liegt, geht fast ein Viertel aller Straftaten auf das Konto dieser Menschen.

Von interessierter Seite sind die Statistiken jedoch immer als unplausibel und fehlgeleitet angegriffen worden. Was sind das für Argumente und wie stichhaltig sind sie? In der Vergangenheit wurde immer gerne die Anzahl der *Tatverdächtigen* diskutiert, so dass häufig geraunt wurde: „Ja, die armen Ausländer werden häufiger verdächtigt, aber deshalb sind sie ja nicht immer schuldig! Kriminalisiert werden sie, unsere ausländischen Mitbürger!“ Sieht man sich jedoch die obige Erhebung der *Ausländischen Verurteilten* an, so entfällt das Argument.

Art der Straftat	Verurteilte Ausländer Insgesamt	in %
Straftaten insgesamt	185 042	24,5
Straftaten gegen Staat, öffentlicher Ordnung und im Amt	4 609	20,1
Straftaten gegen die Person	25 540	21,4
darunter		
Verletzung der Unterhaltspflicht	253	14,2
Sexueller Missbrauch von Kindern	219	10,6
Sexuelle Nötigung/ Vergewaltigung	342	30,3
Mord und Totschlag	161	31,8
Körperverletzung (auch schwere und gefährliche)	15 795	22,9
Straftaten gegen das Vermögen	92 244	26,4
- darunter		
- Diebstahl und Unterschlagung	45 707	32,5
- Raub und Erpressung, (räuberischer Angriff auf Kraftfahrer)	2 772	30,2
- Urkundenfälschung (einschließlich Falschbeurkun d-ung und verändern von amtlichen Aus-weisen)	5 855	34,9
- Betrug	17 084	19,5
Gemein-gefährliche einschließlich Umwelt-straftaten	744	17,4
Straftaten im Straßenverkehr	33 067	20,7
Straftaten nach sonstigen Gesetzen	28 838	28,9
- darunter		
- nach dem Betäubungs-mittelgesetz	10 712	20,2
- nach dem Aufenthaltsgesetz	7 186	96,9

Abbildung : Ausländische Verurteilte 2013 gem. Destatis

Es ergibt sich aus dem Vergleich der beiden Statistiken (Tatverdächtige und Verurteilte) kein Hinweis darauf, dass Ausländer häufiger zu Unrecht verdächtigt werden und hernach von Gerichten freigesprochen werden. Andere verweisen auf Probleme bei der Datenerhebung. Das stimmt auch teilweise: Unter Ausländern werden natürlich alle Personen gezählt, die keinen deutschen Pass haben, aber hier eine Straftat verüben, für die sie verurteilt werden. Also auch ausländische Touristen oder Banden, die zu Diebstahlzwecken einreist. Das verfälscht die Statistik zu einem gewissen Grad. Ob das in den Zahlen jedoch wirklich viel ausmacht, darf wohl bezweifelt werden. Schließlich ist die Aufklärungsquote gerade auch bei Bandenkriminalität äußerst verhalten.

Viel problematischer ist dagegen, dass natürlich all jene herausfallen, die eingedeutscht wurden, also einen deutschen Pass erhalten haben. Angenommen also, dass diese „neuen" Deutschen ebenso wie ihre noch nicht eingedeutschten Landsleute überdurchschnittlich häufig Straftaten begehen, dann dürfte das die angenommene Kriminalität der Deutschen künstlich nach oben treiben. Schließlich landen Straftaten der Deutschen mit Migrationshintergrund auf der deutschen Seite der Statistik.

Ein ganz großartiges Argument ist sicher auch, dass bestimmte Straftaten angeblich nicht gezählt werden können, weil sie „ausländerspezifisch" seien, also aus der Natur der Sache heraus nur von Ausländern begangen werden könnten. Hier schrieb zum Beispiel die ZEIT 2013: „*Viele Straftaten – etwa gegen das Aufenthaltsgesetz oder das Asylverfahrensgesetz – können Einheimische aber gar nicht begehen.*"

Wirklich? Viele Straftaten? Welche Beispiele fallen einem denn da noch ein? Doch wohl nur diese beiden, die in der Summe nicht wirklich ins Gewicht fallen. Im Übrigen hat man sich in Deutschland an geltendes Recht zu halten und eine Straftat ist eine Straftat. Es ist nicht unbedingt einsichtig, warum Straftaten gegen das Aufenthaltsgesetz oder das Asylverfahrensgesetz nicht zählen sollen.

Ein anderer Ansatz besteht darin, dass auf die Bevölkerungsschicht abgestellt wird. Es wird also gesagt: „Ausländer leben mehrheitlich in den unteren sozialen Schichten und dort ist die Kriminalität eben insgesamt höher. Vergleichen wir die rein deutsche mit der rein ausländischen Unterschicht, so verlieren sich die Unterschiede." Ob das wirklich stimmt und alle Unterschiede nivelliert, ist eine interessante Frage. Viel wichtiger aber ist doch, was mit den Zahlenvergleichen überhaupt nachgewiesen werden soll.

Wenn hier vorliegend die Kriminalitätsstatistik herangezogen wird und auf den Unterschied zwischen ausländischer und deutscher Kriminalität, dann nicht um irgendjemanden zu ängstigen oder um Ausländer pauschal zu verurteilen. Die These besteht vielmehr darin, dass es nicht gelungen ist, Ausländer in Deutschland zu integrieren. Ein Indiz dafür ist nun mal das Kriminalitätsverhalten.

Hätte die Integration über die Jahre und Jahrzehnte hinweg leidlich funktioniert, so dürfte es keine oder nur geringe Unterschiede geben. Ob Ausländer nun an und für sich im Schnitt mehr Straftaten begehen oder ob Ausländer im Schnitt ärmer sind und deshalb überrepräsentiert sind, macht im Ergebnis überhaupt keinen Unterschied: Es bleibt der nüchterne Befund, dass zumindest in Hinblick auf den Rechtsstaat nicht von einer gelungenen Integration die Rede sein kann.

Macht man einen kleinen Exkurs zur Bandenkriminalität und sieht sich an, von wem die organisierte Kriminalität hierzulande dominiert wird, so zeichnet sich ebenfalls ein ernüchterndes Bild ab: Im vergangenen Jahr ist ihr Anteil an den Tatverdächtigen weiter angestiegen. "*Die internationalen Zusammenhänge und Bezüge der organisierten Kriminalität in Deutschland nehmen zu. Die Zahl der Tatverdächtigen mit ausländischer Staatsangehörigkeit steigt*", ließ sich Innenminister de Maizière zitieren.

Im Gegensatz dazu ist die Zahl der deutschen Tatverdächtigen rückläufig. So stellen Ausländer fast zwei Drittel der insgesamt 8700 Tatverdächtigen. Von ihnen sind 5450 oder 62,6 Prozent Nichtdeutsche, 3142 oder 36,1 Prozent Deutsche. Die meisten Tatverdächtigen stammen aus Litauen (946), der Türkei (897), Polen (472), Rumänien (295) und Italien (260).

Bei den Georgiern stellte das BKA zudem einen direkten Bezug zwischen Asylgesuchen und der organisierten Kriminalität fest: Hier gibt es eine Versechsfachung der Asylanträge von Georgiern, obwohl die Anerkennungsquote gegen null tendiert. Das BKA geht daher von einem massiven Missbrauch des Asylrechts aus, um in Deutschland

Wohnungseinbrüche begehen zu können. "*Das ist aber ein Sonderphänomen, was Georgier angeht*", beeilte sich Innenminister de Maizière zu versichern und forderte, man dürfe keinen Generalverdacht gegen Flüchtlinge hegen.

Aus dem Landeskriminalamt Berlin drang dieser Tage zum Verdruss der Politik nach außen, dass arabischstämmige Großfamilien in der Hauptstadt einen überproportional hohen Einfluss in der organisierten Kriminalität haben.

Man könnte noch lange derartige Berichte zusammentragen: Es bleibt beim Befund, dass sich die Wertesysteme solcher Clans von unserem unterscheiden. Was ist von Familien zu halten, die in ein fremdes Land gehen, dort großzügig aufgenommen werden und es dann danken, indem im Gastland gestohlen und gemordet wird?

Und die Flüchtlinge selbst?

Soweit zu Ausländern im Allgemeinen. Doch wie steht es mit den Flüchtlingen selbst? Also mit jenen, die erst seit kurzer Zeit im Land sind? In „*Die Wahrheit über die Flüchtlingskrise. Deutschland im Gesinnungsterror*“ von Thomas Weidmann heißt es dazu:

> *Zu den etwas unbequemen Fragen, die in den deutschen Medien erstaunlich wenig Widerhall finden, gehört auch die nach dem*

Umfang der Straffälligkeit. In der Polizeilichen Kriminalstatistik nehmen Asylbewerber einen prominenten Platz ein. 2014 standen Flüchtlinge mit 2,5 % der Straftaten zehnmal so häufig im Verdacht, eine Straftat begangen zu haben, wie es ihrem rechnerischen Anteil in der Bevölkerung von damals 0,28 % entspricht. Dabei sind Straftaten gegen das Ausländerrecht schon zugunsten der Asylbewerber heraus gerechnet worden. Wer also den naiven Glauben hat, dass es sich durchweg um Menschen handelt, die in ihrer Heimat dem Terror entflohen sind und nun hier nichts sehnlicher wünschen, als in Frieden zu leben, der irrt. Ebenso wie derjenige, der dachte, Flüchtlinge verhalten sich hier als Gäste besonders vorbildlich.

Dabei geht es durchaus nicht nur um kleinere Delikte wie etwa Taschendiebstähle. Mit 8,5 % der Körperverletzungen nehmen Flüchtlinge auch hier eine prominente Stellung ein. Aus Freiberg berichtet die Lokalpresse von zwei besonders renitenten Gewalttätern, die erst die Belegschaft eines Supermarktes bedrohte und dann auch die hinzu gerufene Polizei. Einer konnte festgenommen werden, der andere machte seinem Flüchtlingsstatus alle Ehre und floh. Der Festgenommene stand schon am nächsten Tag wieder auf freiem Fuß und wusste nichts Besseres zu tun, als gleich wieder in den Supermarkt zu gehen. Als man ihn des Hauses verweisen wollte, drohte er einer Kassiererin mit Enthauptung.

Zunehmend zum Problem werden auch Schlägereien zwischen verfeindeten Volksgruppen. Im hessischen Calden attackierten sich bei einer Massenschlägerei hunderte Menschen verschiedener Nationalitäten über mehrere Stunden hinweg, bevor die Polizei die Auseinandersetzung mit einem Großeinsatz beenden konnte. Ähnliche Konflikte gab es in Suhl, Bonn, Dresden und Trier. In Hamburg rückte die Polizei Ende September ebenfalls zu mehreren Großeinsätzen aus.

Nicht jeder lässt sich übrigens polizeilich erfassen, liefert brav die Fingerabdrücke ab und wird in einem Flüchtlingsheim untergebracht. Mehrere zehntausend Flüchtlinge haben sich dem Zugriff der Polizei entzogen und sind irgendwo auf eigene Faust im Land unterwegs. Ein IC wurde zum Beispiel auf freier Strecke von Flüchtlingen mit der Notbremse zum Halt gebracht, weil diese sich zu Fuß absetzen wollten und kein Interesse an der amtlich zugewiesenen Unterkunft hatten.

Auch hier gilt es wieder in der Beurteilung Augenmaß zu wahren: Wo immer viele Menschen unter schwierigen und emotional anspruchsvollen Bedingungen zusammenkommen, eskaliert die Lage von Zeit zu Zeit. Wenn Deutsche in die Fußballstadien strömen um ihrer Lieblingsmannschaft zuzujubeln oder wenn Bayern und Franken auf dem Oktoberfest aneinander geraten, dann hat die Polizei ebenfalls alle Hände voll zu tun. Wenn die Lage in Flüchtlingsheimen eskaliert, hat das also immer auch etwas mit einer schwierigen Gemengelage und ungünstigen Faktoren zu tun.

Leider können die Gewaltexzesse in ihrer Ausprägung und Häufigkeit damit nur zum Teil entschuldigt werden. Und überhaupt: Ausschreitungen bei Fußballbegegnungen verurteilen wir auch bei jeder Gelegenheit, es gibt also keinen Grund warum wir Ausschreitungen in Flüchtlingsheimen entschuldigend in Kauf nehmen sollen. Vielmehr ist das eine erste gute Gelegenheit, solche Leute mit dem deutschen Rechtsstaat vertraut zu machen und großzügig Rückfahrtickets zu verteilen.

Unterm Strich spricht wohl vieles dafür, dass Ausländer deutlich häufiger kriminelle Handlungen begehen, als Deutsche. In den Medien wird das gerne geleugnet unter Verweis auf die oben genannten statistischen Erhebungsprobleme. Das Motiv für diese Verrenkungen besteht darin, dass das Thema politisch heikel ist. Kaum ein Thema ist so sehr zur Diffamierung geeignet, wie dieses. Selbst Wissenschaftler neigen dazu, die Unterschiede krampfhaft wegdiskutieren zu wollen. In einem Beitrag der Bundeszentrale für politische Bildung (bpb) heißt es dazu:

> *Dass sich ein Staat bei der Erfassung von personenbezogenen Daten für die Staatsangehörigkeit interessiert, ist nicht ungewöhnlich. Damit wird allerdings im Ergebnis eine Demarkationslinie der Zugehörigkeit gezogen. Ausländer sind Menschen, die sich in Deutschland aufhalten und nach*

verbreiteter Ansicht trotzdem nicht richtig zu "uns" gehören. Wenn bei der Erhebung und Auswertung von Daten über Straftaten, Geburtenziffern und Schulabschlüsse nach Deutschen und Ausländern differenziert wird, zielt dies darauf, Aussagen über eine erwartete Andersartigkeit machen zu können. Die Auswahl von Vergleichskategorien ist daher eine normative Aussage darüber, welche personenbezogenen Merkmale als relevant eingestuft werden. Niemand würde die Frage stellen, ob Dünne mehr Straftaten begehen als Dicke – obwohl hier womöglich ebenfalls Unterschiede feststellbar sind.

Ja, das ist wahr. Niemand würde danach fragen, ob Dicke oder Dünner Unterschiede bei der Straffälligkeit aufweisen. Bei Ausländern gegenüber Inländern wird die Frage aber eben doch gestellt und das ist auch legitim. Das Motiv besteht schließlich in der Regel nicht darin, Ausländer als Gruppe verdammen zu wollen – damit ist niemandem geholfen und eine solche Einstellung würde all jenen Unrecht tun, die hier ihren Beitrag zur Gesellschaft bringen und sich vorbildlich integriert haben. Doch muss sich ein Einwanderungsland wie Deutschland immer auch fragen, ob die Integration im Ganzen gelingt. Negative Unterschiede in der Kriminalitätsstatistik sind da ein wichtiger Indikator.

Das man also wie der Autor des oben zitierten bpb-Beitrages schon die Frage danach, ob es hier Unterschiede gibt oder nicht, als unzulässig ablehnt, ist verfehlt. Wir tun uns als Gesellschaft keinen Gefallen, wenn wir unangenehme Entwicklungen einfach ignorieren, wegdiskutieren oder am liebsten gar nicht erst erheben möchten. Denkverbote sind gefährlich und verschärfen die Probleme nur.

Wachsende Parallelgesellschaften

Wer sich das voranschreiten der Parallelgesellschaften ansehen möchte, kann dazu einen kleinen Tagesausflug – oder wenn er mutig ist, einen Nachtausflug – in eines der Ausländerghettos in deutschen Großstädten unternehmen. Egal ob Hamburg-Harburg oder Berlin-Neukölln: Hier lassen sich die Versäumnisse der letzten Jahre live erleben.

Noch erhellender ist vielleicht ein Blick auf die Segregation an Schulen. In einer Studie aus dem Jahr 2012 – und seitdem ist es wohl kaum besser geworden – kommen Forscher des Sachverständigenrats Deutscher Stiftungen für Integration und Migration zu alarmierenden Ergebnissen:

> *„In Großstädten ist die Trennung der Schülerschaft bereits im Grundschulalter festzustellen. In Berlin gehen fast zwei Drittel der Kinder mit Migrationshintergrund auf eine Grundschule, in der die meisten ihrer Mitschüler ebenfalls nichtdeutscher Herkunft sind. Hingegen besuchen sechs von sieben Kindern ohne*

Migrationshintergrund eine Grundschule in der mehrheitlich Kinder mit deutschen Wurzeln lesen, rechnen und schreiben lernen.“

Weiter heißt es: *„Eine detaillierte Auswertung der Schul- und Bevölkerungsdaten für 108 Grundschulen und deren um liegende Schulbezirke in den vier Berliner Bezirken Charlottenburg-Wilmersdorf, Friedrichshain-Kreuzberg, Mitte und Neukölln weist auf ein aktives Vor gehen vieler Eltern gegen die behördliche Zuweisung der Grundschule hin: Jede fünfte Grundschule hat einen Zuwandereranteil, der mehr als doppelt so hoch ist wie der Anteil unter Kindern im dazugehörigen Schulbezirk. Ein ebenso großer Teil der Grundschulen unterrichtet verhältnismäßig weniger Kinder mit Migrationshintergrund als im umliegenden Schulbezirk leben. Diese Segregation ist größtenteils Folge der aktiv betriebenen Schulwechsel: Um ihrem Nachwuchs ein förderliches Lernumfeld zu bieten, vergleichen vor allem bildungsnahe Eltern die umliegenden Grundschulen anhand der für sie einsehbaren Schulmerkmale. Schulen mit hohem Zuwandereranteil werden oft gemieden, da die meisten Eltern diese mit mangelhaften Lernmöglichkeiten und einem problembelasteten Umfeld assoziieren. (...) Die Folge: Kinder mit Migrationshintergrund lernen häufiger und früher in einer Klasse mit mehr leistungsschwachen Mitschülern. Das hat negative Folgen für ihren eigenen Kompetenzerwerb. Die in den weiterführenden Schulen institutionalisierte Trennung nach Leistung wird somit* *bereits an Grundschulen mittels wohnräumlicher Segregation und elterlicher Schulwahlentscheidungen eingeleitet.“*

Einige Medien kritisierten im Kontext dieser Untersuchung indirekt die Eltern, die natürlich, selbstsüchtig wie sie sind, das beste für ihre Kinder wollen und ihre Kinder nicht auf eine Schule in einem Problemviertel schicken wollen. Dadurch würden die Lernchancen für Migrantenkinder herabgesetzt. Bei der Schulwahl zeigt sich: Auch für die Mitte der Gesellschaft, auch für die Angehörigen der bildungsnahen Schichten, die eigentlich wohlwollend und positiv gegenüber Migranten eingestellt sind, hört der Spaß bei den eigenen Kindern auf.

Es ist lange und viel über die Gefahr von Parallelgesellschaften debattiert und geschrieben worden. Manche, wie etwa der Publizist Henryk Broder, vertreten sogar die These, dass an solchen Strukturen gar nichts auszusetzen sei, solange die Leute sich an Recht und Gesetz halten. Naheliegender scheint freilich, dass es zum Problem wird, wenn allzu viele Menschen sich nicht für das Land und das Umfeld interessieren, in dem sie leben.

Natürlich kann eine Gesellschaft einen gewissen Anteil an desinteressierten Menschen tragen. Es muss ja zum Beispiel nicht jeder zur Wahl gehen, damit die Demokratie funktioniert. Doch wenn der Anteil der Wahlbeteiligung unter einen gewissen Bereich sinkt, dann stellt das irgendwann das politische Modell insgesamt in Frage. Eine Nation ist darauf angewiesen, dass die kulturellen Grundlagen, ebenso wie die passive und aktive Beteiligung an Wahlen und Politik von einer satten Mehrheit getragen und mit Leben gefüllt werden. Das gleiche gilt für Steuern und Sozialabgaben. Die Menschen müssen mehrheitlich und Überwiegend der Meinung sein, dass diese Abgaben legitim sind und für die Solidargemeinschaft sinnvoll. Wenn wir daher in Zukunft mehr Zuwanderung zulassen wollen, so ist das Zurückdrängen der Parallelgesellschaften mehr, als nur eine wichtige Hausaufgabe. Es ist eine unabdingbare Voraussetzungen.

Eine muss die Verantwortung übernehmen: Angela Merkel

In der Politik wurden Rücktritte schon für Entscheidungen eingereicht, die eine weitaus geringere Tragweite hatten. Und die Bundeskanzlerin? Merkel hat schon großzügig deutsches Steuerzahlergeld in der Griechenlandkrise ausgegeben. Auch die 11 Millionen Griechen wollten gerne Geld ausgeben, das sie nicht selbst erwirtschaftet haben. Die Bilder von brennenden deutschen Flaggen und deutschen Politikern, die zum Dank für deutsches Geld via Photoshop auf Plakaten und in Zeitungen als Nazis verunglimpft wurden, werden noch lange Zeit im kollektiven deutschen Bewusstsein gären.

Und wieder geht es um Geld. Der Anteil der sogenannten „Wirtschaftsflüchtlinge“, die in diesen Tagen nicht aufgrund akuter Not sondern aus finanziellen Gründen hier einwandern mögen, kennt niemand verlässlich. Verlässlich wissen wir aber, dass es eine erhebliche Zahl ist.

Je nach Sichtweise sind es wohl die allermeisten. Warum kann man das sagen? Weil die Menschen in der Regel nicht direkt aus dem syrischen Bombenregen hier auftauchen oder knapp den Häschern der IS entwischt sind, wie es viele Medien gerne darstellen. Vielmehr kommen die meisten Flüchtlinge aus sicheren Drittstaaten wie Jordanien oder der Türkei.

Damit ist nicht gesagt, dass wir diese Länder, die erhebliche Kraftakte leisten um ihre Glaubensbrüder aufzunehmen, im Regen stehen lassen sollten. Europa im Ganzen – nicht Deutschland alleine – sollte sicher bereit sein, mit substanziellen finanziellen und personellen Ressourcen unter die Arme zu greifen. Dennoch sind die Menschen die von dort kommen, bei Lichte betrachtet, natürlich keine unmittelbaren Kriegsflüchtlinge mehr. Sie kommen hierher, weil es angenehmer ist, Flüchtling in Regensburg zu sein, als im türkischen Gaziantep.

Wer das bezweifelt, sollte sich den Reisekalender der Bundeskanzlerin ansehen: Sie reist eben nicht die Kriegsgebiete um Einfluss zu nehmen (wie auch?), sondern in die Türkei. Dem Türken-Premier wurden Milliarden Euros an Unterstützung und weitreichende politische

Zugeständnisse angeboten, wenn er die Millionen Flüchtlinge bei sich behält und die Leute an der Weiterreise nach Deutschland hindert. Merkels Vorstoß wäre natürlich irrsinnig, wenn die Menschen gerade, wie oft kolportiert, frisch der Bürgerkriegshölle entronnen wären. Vielmehr leben die Flüchtlinge bereits in der Türkei in Sicherheit und sind nun – was sicher menschlich verständlich ist – auf der Suche nach besseren Umständen, die sie sich in Deutschland erhoffen.

Ob das Ansinnen Erfolg hat, ist allerdings noch die Frage. Den Erdogan hat noch eine Rechnung mit Merkel offen. Jahrelang hat Merkels CDU deutlich gemacht, dass eher Aliens Chancen haben, in die Europäische Union aufgenommen zu werden, als die Türkei. Da ist viel Frust aufgelaufen. Gut möglich, dass sich das nun rächt.

Wer ist für diesen Ansturm verantwortlich? Das ist nur ein akademisches Problem, weil es weit außerhalb der unmittelbaren Reichweite der deutschen Politik liegt. Sehr wohl ist die Politik jedoch dafür verantwortlich, wie sie mit der Situation umgeht. Gerade eben war man noch Zahlmeister für die Griechen und hat sich dafür vor den europäischen Karren spannen lassen und Wochen später gelingt es nicht, umgekehrt auch einmal ausnahmsweise europäische Solidarität einzufordern?

Hätte eine mutige deutsche Regierung alle Zahlungen an Brüssel ausgesetzt, so wie einst die US-Regierung die Zahlungen an die UNO aussetzte, so hätte das sehr, sehr schnell die gewünschte Dynamik in die Gespräche gebracht. Sich nicht durchgesetzt zu haben, ist letztlich ein Versäumnis deutscher Politik. Europa ohne das größte Land im Kern, Deutschland, ist nicht denkbar – schon alleine, weil dann ja der Zahlmeister fehlt. Diese Karte hätte man rigoros ausspielen müssen.

Diese Niederlage in Brüssel ist aber eine Kleinigkeit, geradezu eine Lappalie, gegenüber dem eigentlichen Politikversagen: Deutschland hat unkontrolliert seine Grenzen geöffnet. Ein Land ohne Grenzen ist ein Witz und das Grenzen niemanden aufgehalten hätten, ist eine Schutzbehauptung.

Die USA haben eine riesige Grenze zum Nachbarland Mexiko. Und obwohl immer wieder illegale Immigranten den Durchbruch schaffen, gelingt das nur in homöopathischen Dosen. Es stehen nicht einfach eines Tages eineinhalb Million Menschen im Land und sagen: „Hallo! Da sind wir!". Beziehungsweise sechs Millionen, hochgerechnet auf die weitaus größere Bevölkerungszahl der USA.

Also beim besten Willen: Wie soll ein solches Bild auf Menschen in Flüchtlingslagern wirken, die gerade am abwägen sind, ob sich die Reise nach Deutschland lohnt: Eine Regierungschefin, die fröhliche Selfies mit Flüchtlingen aufnimmt. Ein zehntausendfach wiederholter und weitergeteilter Tweed mit der Botschaft: „Wir schaffen das!" von allerhöchster Stelle? Es kann nur als Einladung verstanden werden. Es muss Angela Merkel deshalb tatsächlich angelastet werden, dass sie die Krise nicht nur schlecht gemanagt und zugelassen hat. Sie hat vielmehr die Ärmel hochgekrempelt und eigenhändig

Brandbeschleuniger bereitgestellt. Unbewusst und gut gemeint? Mag sein. Doch gut gemeint ist nicht gut gemacht.

Wir erinnern uns: Wenige Wochen zuvor weinte ein Flüchtlingsmädchen bei einer Fernsehübertragung im Beisein der Kanzlerin. Und obwohl Merkel völlig angemessen reagierte – weder einerseits emotionslos noch andererseits kopflos überhastet – viel den Schreiberlingen zwischen München und Hamburg ebenso wie den Schwätzern in den sozialen Medien nichts besseres ein, als Merkels Verhalten zu kritisieren und ins Lächerliche zu ziehen. Als ob nicht klar wäre, dass das eine Situation war, in der man kaum gewinnen konnte.

Vielleicht stand Merkel noch unter dem Eindruck dieser überwältigend negativen Berichterstattung, als sie bei ihrem Vor-Ort-Besuch im Flüchtlingsheim Nahbarkeit zeigte und mit Asylsuchenden fröhliche Willkommensfotos knipste. Insofern tragen Medien eine Mitschuld. Die Kanzlerin und ihr Apparat aus Medienberatern und Marketingprofis hätten dennoch voraussehen müssen, was die Macht der Bilder anrichtet. Zumal, wenn diese Bilder mit einer kurzen, kraftvollen medialen Botschaft gepaart werden: „Wir schaffen das!".

Sprechen wir über PEGIDA

PEGIDA und ähnliche Veranstaltungen sind natürlich in erster Linie Sammelbecken für Unzufriedene allerorten. Die Veranstaltung selbst ist leider mittlerweile kaum noch zumutbar. Ein Mensch wie Akif Pirincci schwadroniert dort in aller Öffentlichkeit darüber, dass Politiker *„Gauleiter gegen das eigene Volk seien“* und stellt geschmacklose Vergleiche zu Konzentrationslagern auf. Einmal abgesehen von der Tatsache, dass ein Mensch mit dem Namen „Akif“ unter Hitler auch nicht gerade als lupenreiner Arier durchgegangen wäre, macht das vor allem eines deutlich: Für die große Masse der Menschen in Deutschland ist eine solche Hass-Veranstaltung nicht anschlussfähig. Man kann schwerlich dort mitmarschieren ohne sich gemein zu machen mit jenen, die weit, weit am rechten Rand stehen. PEGIDA könnte zehnmal mehr Teilnehmer haben, wenn man sich gemäßigt äußern und auf die Mitte der Gesellschaft zielen würde.

Es ist auch nicht ganz ironiefrei, dass Veranstaltungen dieser Art in Städten stattfinden, die vergleichsweise wenige Ausländer und Migranten beherbergen. Man muss in Sachsen lange über's flache Land laufen, bevor man einmal einen echten Migranten bestaunen kann. In gewissen Stadtteilen in Berlin, Köln oder Hamburg muss man im Gegenteil nach Deutschen mit der Lupe suchen. Dort gibt es Schulen, die fast gar keine deutschen Kinder mehr unterrichten.

Genau da liegt das weitere Versäumnis von Merkel und anderen Politikern aller Couleur. Es ist der politischen Klasse nicht gelungen, die berechtigten Ängste der normalen Leute aufzugreifen und entsprechende Maßnahmen zu ergreifen. Von wem wird die Masse derer vertreten, die mit ambivalenten Gefühlen auf die Krise reagiert und bei allem Mitleid und aller Hilfsbereitschaft auch mal ein Ende der deutschen Möglichkeiten gekommen sieht? Nicht von der veröffentlichten Meinung, nein. Die Medien diffamieren jeden als Rechts, der entsprechende Äußerungen tätigt. Nicht von der Bundespolitik, die verhält sich gerade so, als ob die Flüchtlinge die Wähler wären. PEGIDA und ihre Ableger sind wegen der ständigen und maßlosen Hetze für die meisten Deutschen ebenfalls unzumutbar auch wenn dort vielleicht noch am ehesten thematisiert wird, was ihnen auf die Herzen liegt.

Noch vor einem Jahr waren die Töne bei PEGIDA weitaus weniger schrill. Sigmar Gabriel und andere diskutierten damals, ob man mit dieser Bewegung nicht das Gespräch suchen müsse. Das ist nicht gelungen und nun hat PEGIDA eine Radikalisierung erreicht, die Deutschlands Straßen seit den Pogromen der Nazi-Ära nicht mehr gesehen haben.

Und so bleibt der Masse im Land nichts anderes übrig, als zu schweigen und ihren Unmut mit aller Wucht bei der nächsten

Landtags- oder Bundestagswahl zu offenbaren. Es dürfte niemanden ernsthaft verwundert, wenn Parteien am rechten Rand – nicht nur in Sachsen – substanzielle Gewinne bei der nächsten größeren Wahl einfahren. Merkels CDU verliert jetzt bereits im Wochenrhythmus an Zustimmung.

Wie wird jenseits der politischen Elite auf das Phänomen PEGIDA reagiert? Was ist mit den sogenannten Intellektuellen, den Medien, der Wirtschaft? Vor einigen Wochen landete eine Kölner Komikerin, Karolin Kebekus, einen Youtube-Hit mit dem Titel „Wie blöd Du bist..." Darin nimmt sie Rechtschreibfehler, stilistische Ausfälle und andere äußere Merkmale von Neonazis auf's Korn. Was zunächst lustig anzusehen ist – eine hübsche junge Frau lästert über die orthografischen Kenntnisse der Unterschicht – ist bei näherer Betrachtung symptomatisch für Medienleute. Es wird von oben herab verächtlich und lächerlich gemacht, was man ablehnt.

Doch diese Haltung ist gefährlich und taktisch unklug. „Volkes Stimme" war noch nie besonders gebildet oder eloquent, dass entwertet sie jedoch nicht. In einer Demokratie nehmen nicht nur wortgewaltige Akademiker am politischen Diskurs teil. Auch Intelligenz, gutes Aussehen oder Stilempfinden machen einen Menschen nicht besser oder schlechter. Wenn sich weite Teile der Bevölkerung Sorgen machen – kann das in einer Demokratie denn ernsthaft egal sein? Wer das denkt oder mit seinem Spott zum Ausdruck bringt, sollte seine

Selbstgefälligkeit ablegen und statt dessen über sein eigenes Demokratieverständnis nachdenken.

Es ist zudem gefährlich. *„Der Mob hasste die Gesellschaft, aus der er ausgeschlossen, und das Parlament, in dem er nicht vertreten war"*, lesen wir in *Elemente und Ursprünge totaler Herrschaft* von Hannah Arendt. PEGIDA ist deutlich radikaler geworden, doch die Bewegung hat die Menschen für sich genommen noch nicht radikalisiert. Die Radikalisierung hat eingesetzt, weil die Sorgen und Ängste nicht aufgenommen und von der Politik bearbeitet werden. Wenn in einer Sache lange nichts passiert, setzt eben Frustration ein.

Was jeder aus dem privaten Kontext, etwa bei Karriere oder in der Beziehung kennt, gilt auch im kollektiven Bezug der Politik. Wenn diese politisch frustrierten Menschen nun auch noch erleben, dass man ihnen nicht nur nicht entgegenkommt sondern sie im Gegenteil verspottet, dann ist das Tischtuch erst Recht zerrissen. Wie soll politisch der Anschluss zu diesen Sphären der Bevölkerung gefunden werden, wenn man ihnen zuvor deutlich gemacht hat, dass man ihnen keinerlei Respekt oder Achtung entgegenbringt?

Neben der Verächtlichmachung ist das Tabuisieren und Mundverbieten eine weitere Taktik. Menschen, die sich Sorgen machen obwohl sie eigentlich politisch gemäßigt sind und keine grundsätzlichen Vorbehalte gegen Ausländer oder Migranten haben, leiten ihre Bemerkungen gerne mit „Ich bin ja kein Nazi, aber..." ein.

Das wurde in den sozialen Medien wie Twitter oder Facebook, aber auch z.B. in einer der letzten Talkshows von Günter Jauch stets dahingehend gewendet, dass Menschen die sich so einleiten, in Wahrheit natürlich sehr wohl Rechte sind. Je nach Lesart: Im Grunde noch schlimmer als echte Neo-Nazis, denn die stehen ja wenigstens zu ihrer Haltung.

Damit wird schlicht jede andere Meinung als Rechts diffamiert und so der Versuch unternommen, Andersdenkenden den Mund zu verbieten. Als ob das Leben schwarz / weiß wäre und man in komplexen, differenzierten politischen Fragen nicht auch zu komplexen, differenzierten Haltungen kommen dürfte. Auch zu Meinungen, die im Detail widersprüchlich sind, widersprüchlich wie die Situation selbst!

Artikel 5 des Grundgesetzes sagt: „Jeder hat das Recht, seine Meinung in Wort, Schrift und Bild frei zu äußern und zu verbreiten (...)". Es ist nicht ohne Ironie, dass dieses Recht nun ausgerechnet auch gegen jene durchgesetzt werden muss, die wie kein anderer Berufsstand von der Meinungsfreiheit profitieren: Journalisten.

Gleichwohl liegt die Hauptverantwortung selbstverständlich bei der Politik. Die politische Verantwortung übernehmen heißt im Extremfall: den Rücktritt einreichen. Die Bundeskanzlerin hat ihren Namen und ihre politische Zukunft mit der Flüchtlingsfrage verbunden und so bleibt nur die nüchterne und unaufgeregte Bitte, doch nun bitte eine deutliche und unmissverständliche Kehrtwende einzuleiten oder den Rücktritt einzureichen.

Was *jetzt* passieren muss

Bei aller Gutmütigkeit, das haben die vorangegangenen Ausführungen gezeigt, muss ein Land auch an sich selbst denken und die Großzügigkeit in vernünftige Bahnen lenken.

Bei der Frage, wie der aktuellen Krise beizukommen ist, tut die politische Klasse gut daran, in drei Zeitschienen zu denken. Gewisse Entscheidungen sind nun sofort zu treffen, andere erst in einem zweiten oder dritten Schritt.

Doch bei all dem hat die Politik sich von einigen grundlegenden Prämissen leiten zu lassen: Die erste Prämisse besteht darin, dass die Bedürfnisse der eigenen Bevölkerung nicht beliebig zugunsten anderer zurückgedrängt werden dürfen. Eine weitere darin, dass pragmatische Entscheidungen auch einmal hart sein dürfen und das Deutschland sich von seinem Wahn lösen muss, immer überall geliebt werden zu wollen. Egal ob wir auf unsere sogenannten „europäischen Partner“ blicken, oder auf die Einwanderer aus völlig fremden Kulturkreisen.

Umgekehrt *will* man auch nicht unsere Liebe. Man will unser Geld und unsere Ressourcen. Sind die notorisch eigenbrötlerischen und mitunter geizigen Briten etwa international unbeliebter oder politisch weniger einflussreich als die Deutschen? Wohl kaum. Britische Premiers haben seit Thatcher immer schon gerne das Enfant Terrible auf europäischer Bühne abgegeben und sind damit bislang ganz gut gefahren.

Kurzfristig: Stopp-Signale senden

Deutsche Politiker die auf internationaler Bühne gesehen werden, müssen nun dringend damit beginnen, Stoppsignale zu senden. Wenn stattdessen ein öffentlicher Streit darüber entbrennt, ob Höchstgrenzen angemessen sind oder nicht, dann ist das das Gegenteil eines Stoppsignals.

Was wäre ein wirksames Stoppsignal? Vorsichtig wird im Moment der Bau eines Grenzzaunes diskutiert, so etwa von einer deutschen Polizeigewerkschaft. Was für den Zaun spricht, ist das deutliche Signal, das von ihm ausgeht: „Mehr geht nicht; wir sind an der Belastungsgrenze“. Das von den Kritikern vorgebrachte Argument, das ginge europarechtlich nicht, ist so fadenscheinig wie mutlos: Wenn Deutschland einen Zaun bauen möchte, dann baut Deutschland einen Zaun. So einfach ist das. Es sind besondere Zeiten und da sind besondere Maßnahmen eben auch denkbar, die sonst verworfen würden.

Die Argumente *gegen* einen Zaun sind jedoch deutlich stichhaltiger. Zunächst aus praktischen Gründen: Alleine die Grenze zwischen Österreich und der Bundesrepublik Deutschland hat eine Länge von 800 Kilometern und führt durch Hochgebirge und Ballungszentren. Im Land von BER und Elbphilharmonie würde der Bau so lange dauern, dass damit für die aktuelle Situation überhaupt nichts gewonnen ist. Am Ende steht da eine Bauruine, die aufwendig personell gesichert werden muss und keinem mehr nutzt.

Der Hauptgrund, weshalb ein Zaun nutzlos wäre, ist jedoch ein anderer: Man kann frierende und erschöpfte Menschen nicht einfach im Niemandsland sich selbst überlassen. Ob mit oder ohne Zaun muss das Land angemessen mit der Situation umgehen. Es entspricht der deutschen und überhaupt der christlich-abendländischen Tradition, Menschen in Not zu helfen.

Damit ist freilich nicht gemeint, das man die Leute wie bisher in unbegrenzter Zahl ins Land lässt und sich damit abfindet, dass die Allermeisten nicht nur nicht zurückkehren, sondern im Gegenteil ihre Clans nachkommen lassen. Deutschland sollte vielmehr zunächst die Verantwortung übernehmen und die Menschen sozusagen „aufpäppeln“ und dann jedoch die allermeisten nach einer angemessenen Zeitspanne zurücksenden.

Auf dieselbe Weise ist mit jenen zu verfahren, die heute schon im Land sind. Es herrscht im Moment Empörung darüber, dass Hamburg beschlossen hat, unter Umständen leer stehende Hallen und

Gewerbegebäude auch gegen den Willen der Eigentümer – allerdings zur marktüblichen Miete – für Flüchtlinge in Beschlag zu nehmen. Man mag über Flüchtlinge und ihre Motive denken was man mag, doch wenn im nahenden Winter Asylsuchende auf deutschem Boden erfrieren oder unterversorgt werden, dann ist das ein Armutszeugnis für unser Land.

Das man deren dauerhaften Aufenthalt und die damit einhergehende kulturelle Unterwanderung ablehnt, entbindet uns nicht von unserer Verantwortung, für Schwächere einzustehen und die Verantwortung für jene zu übernehmen, die wir nun mal aufgenommen haben, auch wenn das in der Größenordnung falsch wahr. Unter diesen Umständen hat Hamburg also pragmatisch gehandelt und es entsteht keinem Hamburger Kaufmann ein Verlust dadurch, dem Steuerzahler schon gar nicht. Im Gegenteil gibt es Indizien dafür, dass einige Eigentümer lediglich den Preis für ihre – immerhin leerstehenden Immobilien in die Höhe treiben wollten – und das hätte die Staatskasse und damit uns alle belastet.

Mittelfristig: Zurückschicken, zurückschicken, zurückschicken

Natürlich – zurückschicken klingt herzlos und unterkühlt. Dennoch ist es das Gebot der Stunde. Wenn Deutschland jetzt schnell deutlich macht, dass wir hier ankommenden Menschen zwar zunächst die helfende Hand reichen, sie jedoch in Deutschland in der Regel keine Perspektive haben, dann wird das die Flüchtlingsströme ganz schnell abebben lassen.

Das jedenfalls zeigt das Beispiel der Schweiz: Dort werden Asylgesuche in Handumdrehen bearbeitet. Flüchtlinge werden in Bundeseinrichtungen gesammelt, von Spezialisten befragt und innerhalb weniger Tage kommt meist der Bescheid, dass dem Asylgesuch nicht stattgegeben wird. Natürlich können sich die Menschen in dieser Zeit erholen und versorgen lassen. Bleiben können sie jedoch nicht. Die Schweiz hat mit vielen der Länder, die einen Großteil der Asylbewerber stellen, entsprechende Abkommen für die Rücknahme getroffen und stellt finanzielle Mittel für die Infrastruktur in diesen Ländern bereit. Das alles führt im Ergebnis dazu, dass sich nur wenige Flüchtlinge auf schweizerisches Staatsgebiet verirren und wirkt implizit wie eine definierte Höchstgrenze.

Wieso sollte ein solches Vorgehen von deutscher Seite unangemessen sein? Man könnte auch Fragen, wie es sein kann, dass die reichen arabischen Ölstaaten wie etwa Saudi-Arabien oder Kuweit keine Flüchtlingslager bereitstellen, obwohl sowohl die kulturelle als auch die geografische Nähe in viel höherem Maße gegeben ist, als beim fernen und christlichen Deutschland. Werden diese Länder etwa geächtet oder geraten irgendwie unter internationalen Druck?

Nein. Nur Deutschland lässt sich wieder einmal in völlig absurdem Umfang in die Pflicht nehmen. Es sind im Gegenteil die ärmeren Bruderstaaten der islamisch geprägten Erdregionen, die die meisten Flüchtlinge aufnehmen. Das zeigen die Zahlen der Menschenrechtsorganisation PRO ASYL und des UNHCR von 2014:

Länder	**Flüchtlingszahlen**
Pakistan	1.600.000
Iran	862.800
Jordanien	613.100
Libanon	577.200
Kenia	550.500
Türkei	512.000
Tschad	418.500
Äthiopien	407.600

Die aktuellen Entwicklungen seit Mitte 2014 in Syrien, dem Irak und Afghanistan haben seitdem für eine deutliche Verschiebung der Zahlen gesorgt. So hat die Türkei in kürzester Zeit alleine 2 Millionen Flüchtlinge aus Syrien aufgenommen. Am grundsätzlichen Befund, dass es gerade die reichen muslimischen Ölstaaten sind, die sich ungebührlich knauserig zeigen, ändert das nichts.

Wie die libanesische Zeitung al Diyar berichtete, will Saudi-Arabien sein Geld gerne verwenden, um 200 Moscheen für syrische Flüchtlinge in Deutschland zu bauen. Das ist leider kein Scherz und keine Zeitungsente und so bleibt uns nur der Appell: Liebe Saudis, behaltet Euer Geld und erst Recht Eure Moscheen, wir brauchen hier beides nicht – nehmt lieber Eure muslimischen Glaubensbrüder auf, wie es der Anstand gebietet.

Langfristig: Obergrenzen definieren und Hausaufgaben machen

Dem Beispiel anderer Einwanderungsländer wie etwa den USA folgend, muss sich dringend ein von linker Sozialromantik befreiter Pragmatismus in der deutschen Migrationspolitik entfalten. Wir sollten erstens Obergrenzen definieren und damit die Zuwanderung insgesamt quantitativ begrenzen. Und wir sollten zweitens Quoten festlegen, um zu vermeiden, dass unser Land noch islamischer wird, als heute ohnehin schon. Und drittens schließlich sollten wir nach Qualifikationen sortieren: Weshalb sollten wir benötigte Fachkräfte nicht für ihren Fleiß belohnen, indem wir ihnen Vorrang vor ihren Landsleuten einräumen?

Absurd ist: Wer derartiges formuliert, wird hierzulande gedanklich in die Nähe von Neonazis und Faschisten gerückt. In anderen Ländern ist das gelebte Politik! Werden Schweizer und Amerikaner etwa als Faschisten bezeichnet? Sicher nicht. Es wird also Zeit, dass wir die Ideen des liberalen Wir-haben-alle-Flüchtlinge-lieb-Mainstreams auf den Müllhaufen ausrangierter Ideologien verbannen und zu einer angemessenen und praktikablen Politik finden.

„Der Ansatz für Multikulti ist gescheitert, absolut gescheitert!" meinte noch 2010 Bundeskanzlerin Angela Merkel auf einem Bundeskongress der CDU. Schade, dass sich diese Erkenntnis in der aktuellen Situation bislang nicht durchsetzt. Hat man nämlich einmal gedanklich akzeptiert, dass es eben *nicht* egal ist, woher die Einwanderer kommen, dann ist es nur noch ein kleiner Schritt zu der Erkenntnis, dass der Zuzug von Muslimen für einige Jahre gezielt begrenzt werden sollte.

In ähnlicher Richtung schlagen übrigens auch die deutschen Sicherheitsbehörden Alarm. Hochrangige Beamte beim deutschen Bundesnachrichtendienst, den Geheimdiensten der Länder und beim Bundeskriminalamt lassen nach einem Bericht der WELT hinter vorgehaltener Hand verlautbaren, dass sie erhebliche Gefahren für Deutschlands innere Sicherheit sehen. „*Der hohe Zuzug wird zur Instabilität unseres Landes führen. Wir produzieren dadurch Extremisten, die bürgerliche Mitte radikalisiert sich, weil sie diese Zuwanderung nicht will und sie ihr von der politischen Elite aufgezwungen wird*", zitiert das Blatt einen Spitzenbeamten. „*Wir importieren islamistischen Extremismus, arabischen Antisemitismus, nationale und ethnische Konflikte anderer Völker sowie ein anderes Rechts- und Gesellschaftsverständnis*" heißt es zudem in einem gemeinsamen Brandbrief der Sicherheitsexperten.

Für all jene, denen das zu hart erscheint, mag ein kleines Gedankenexperiment hilfreich sein. Doch natürlich nur für jene, die aufgeschlossen sind für neue Gedankengänge und nicht ohnehin auf ihrer eingefahrenen Meinung beharren, komme was da wolle.

Stellen Sie sich vor, Sie brechen auf und begeben sich illegal nach Pakistan, Syrien oder in den Irak. Beantragen Sie kein Visa, denn damit riskieren Sie nur, dass Sie keines erhalten. Das ist Ihnen ja egal, schließlich haben Sie entschieden, dass Sie einreisen werden. Befassen Sie sich auch nicht mit der geltenden Rechtslage des Landes, in das Sie einreisen, das behindert nur.

Sobald Sie dort sind, sollten Sie umgehend von den dortigen offiziellen Stellen eine – natürlich kostenfreie – medizinische Versorgung, Obdach, Lebensmittel und ein angemessenes Taschengeld verlangen. Wenn Sie mit der Einrichtung unzufrieden sind oder mit den anderen illegalen Einwanderern nicht gut zurecht kommen, scheuen Sie sich bitte nicht, die Einrichtung kurz und klein zu schlagen. Das die Regierung ihres Gastlandes vielleicht ohnehin Schwierigkeiten hat, Räumlichkeiten und Einrichtungsgegenstände in ausreichender Menge herbeizuschaffen, sollte nicht ihre Sorge sein. Notfalls kann die Regierung ja ihre Bürger enteignen und Räume zwangsrekrutieren.

Soweit Behörden und andere Einrichtungen mit Ihnen zu tun haben, müssen die natürlich deutsch sprechen und Formulare und Bescheide in deutscher Sprache bereithalten. Wenn man Ihnen einen kostenfreien Sprachkurs anbietet, können Sie immer noch überlegen, ob Sie Lust haben, sich auf die Sprache einzulassen. Das sollte sie aber nicht davon abhalten, zu Hause und auch in öffentlichen Verkehrsmitteln möglichst laut in Ihrer Muttersprache zu sprechen.

Essen Sie bitte nichts, was nicht gemäß ihren deutschen Sitten angemessen erscheint! Bestehen Sie als Schwabe auf Maultaschen und als Bayer auf Weißwürste. Kritik kontern Sie bitte mit einem pauschalen Verweis auf Ihre Kultur oder Religion. Unterstützen Sie das auch bildlich, indem Sie sich eine deutsche Fahne ins Fenster hängen. Eine weitere könnten Sie am Auto anbringen.

Wenn Ihnen langweilig ist, könnten Sie Demonstrationen organisieren, bei denen Sie Ihr Gastland frontal kritisieren. Wenn Sie schon dabei sind, dürfen Sie auch gegen Minderheiten, wie etwa Juden und Homosexuelle skandieren, das macht jetzt keinen Unterschied mehr. Die landesüblichen Kleidersitten sollten Sie bitte nicht nur nicht beachten – Ihre Frau läuft ohne Burka über den Markt –, Sie sollten auch von Zeit zu Zeit die Kleidersitten in Ihrem Gastland als gottlos verunglimpfen.

Damit geht das Gedankenexperiment zu Ende. Die Pointe ist sicher offensichtlich: All das ist umgekehrt bei uns gegeben. War die Darstellung übertrieben? Stellenweise, zugegeben. Kann man alle über einen Kamm scheren? Nein. Das kann man nie. Der springende Punkt ist, dass wir per se eine Erwartungshaltung an uns selbst haben, die von anderen Ländern Lichtjahre entfernt ist. Die dort als regelrecht absurd empfunden würden. Natürlich haben wir als westliches, modernes Land einen anderen Anspruch an unser Verhalten und messen uns nicht ohne Weiteres an Ländern aus dem arabischen Kulturkreis. Deshalb bauen wir hier auch Moscheen, während dort Kirchen nicht in Frage kommen. Doch sollten wir – und das ist die Pointe – auch mal eben jene Kirche im Dorf lassen und gewisse Übertreibungen deutlich zurückfahren.

Warum Deutschland erst die vorhandenen Migranten integrieren muss

Wie lange müssen wir uns gegen weiteren Zuzug sperren? Zunächst sollten alle Beteiligten ihre Hausaufgaben machen. Integration findet in Deutschland weitgehend gar nicht statt. Vielmehr gibt es ein Nebeneinander, statt eines geregelten Miteinanders. Ausländische Mitbürger leben in ihren Ghettos und etablieren dort häufig ihre eigenen Regeln. Zahlreiche Ehrenmorde, unter der Hand durchgeführte Zwangsheiraten und andere unseren Sitten zuwiderlaufende Gebräuche machen das deutlich.

Nicht das wir die Zahlen kennen würden: Frauenorganisationen wie Terre des Femmes gehen von jeweils jährlich Hunderten Zwangsheiraten alleine in deutschen Großstädten aus – der deutsche

Rechtsstaat und die deutsche Öffentlichkeit bekommen wohl nur die berühmte Spitze des Eisbergs zu sehen, wenn einmal ein solches Arrangement schief geht und in einem sogenannten Ehrenmord mündet.

Diese Probleme müssen behoben werden. Natürlich ist das nur denkbar, wenn sich der Staat von seiner autoritären Seite zeigt. Harte Strafen, von Abschiebung wo möglich bis hin zu Gefängnisstrafen wo nötig, sollte der Rechtsstaat aufbieten, was er aufbieten kann. Jeder, der Zugang zu den Ghettos dieser Personengruppen hat oder der einmal eine Schule mit hohem Ausländeranteil besucht hat, weiß auch: Es gibt auch eine verbreitete Deutschenfeindlichkeit unter Ausländern. Auch Richter und Polizisten stützen diesen Befund.

Dümmliches deutsches Wir-müssen-alle-an-einen-Tisch-bringen-Gerede hilft da nicht weiter und ist nutzloses Pädagogengeschwätz. Vielmehr muss klare Kante gezeigt werden: Ausländischer, die glauben Deutsche im eigenen Land diskriminieren zu müssen, sollten zusammen mit ihren Clans darüber nachdenken, ob sie die deutsche Gastfreundschaft nicht überstrapaziert haben. Wer lädt privat Gäste ein und lässt sich dann beschimpfen? Es wäre das Selbstverständlichste überhaupt, solche Leute hinaus zu komplimentieren und von weiteren Einladungen abzusehen.

Die Unterschiede zwischen den Ausländergruppen können dabei erheblich sein. Eine Studie von 2010 kam zu dem Schluss, dass mehr als 15 % der Türken, aber nur 7,5 % der Griechen von Hartz IV leben.

Ein anderes starkes Integrationshindernis sind mangelnde Sprachkenntnisse. Der Studie zufolge spricht zum Beispiel jeder fünften Türke hierzulande nur mangelhaft oder gar kein Deutsch, während es bei den Italiener nur jeder 17. ist.

Wo bleiben die vielbeschworenen europäischen Werte?

Ein anderer Teil der „Hausaufgaben" ist auf europäischer Ebene zu erledigen. Wenn Europa wirklich eine Solidargemeinschaft ist und nicht nur eine riesige Geldumverteilungsmaschine zum Nachteil der Bundesrepublik Deutschland, dann sollen die anderen Länder gefälligst ihren Anteil an der aktuellen Völkerwanderung sowie auch an künftigen Zuströmen bewältigen. Würden alle Länder entsprechend ihrer Bevölkerungsquote eine entsprechende Verteilung akzeptieren, wie wir sie in der Bundesrepublik nach dem Königssteiner Schlüssel vornehmen, dann wäre das für den gewaltigen 740-Millionen-Einwohner-Raum der EU sehr viel leichter zu handhaben, als für Deutschland mit seinen ca. 81 Millionen Einwohnern.

Dabei ist die Haltung der anderen EU-Mitgliedsstaaten auf einer gewissen Ebene sogar verständlich, das heißt eingeschränkt nachvollziehbar. Einige werden hinter vorgehaltener Hand sagen: „Wenn die deutsche Bundeskanzlerin fröhlich Selfies schießt und „Wir schaffen das!" in die Kameras raunt, dann soll sie doch die Flüchtlinge, die sie damit anlockt, auch selbst unterbringen". Zum anderen wartet vermutlich jeder auf den anderen nach dem Motto: Ich bewege mich, wenn die sich bewegen. Es ist die Situation wie bei einer Auseinandersetzung in einer Fußgängerzone: Eigentlich müsste jeder einschreiten und Zivilcourage zeigen, doch denkt auch jeder irgendwie: „Hier sind so viele Menschen, wieso soll ich als erster dazwischen gehen und helfen?"

Deshalb ist Führung gefragt und auch Druck. Die Franzosen zum Beispiel machen sich bei allen EU-Angelegenheiten gerne wichtig und betonen unermüdlich die nationale Bedeutung der „Grande Nation". Mit gezielten Druck könnten die Nachbarn nun daran erinnert werden, dass man in Europa im Guten *wie im Schlechten* eine Solidargemeinschaft ist.

Darüber hinaus sind gerade auch die Länder auf der Balkanroute darauf angewiesen, dass Deutschland nicht plötzlich die Schotten dicht macht. Was sich in Slowenien und Kroatien abspielt, ist heute schon eine schwierige Situation. Sowohl für die kleinen Länder, die glücklich sind, bei den Flüchtlingen nur als Transitländer zu gelten, als auch für die betroffenen Menschen.

Der herannahende Winter mit entsprechenden Minus-Temperaturen und Witterungsbedingungen ist durchaus geeignet, die Lage zu verschärfen. Ein plötzlicher Kurswechsel Deutschlands würde innerhalb weniger Tage zur humanitären Katastrophe führen. Einfach die Grenzen dicht machen wie es Schweden derzeit tut, ein Land das allerdings zugegebenermaßen sehr großzügig war, kommt daher eigentlich vernünftigerweise nicht in Frage.

Doch was heißt das für Europa? Die Balkanroute ist der Sache nach ein europäisches Problem. Möglicherweise hat Deutschland mit seiner bereitwilligen Rolle als europäisches Opferlamm und Zahlmeister die europäischen Partner zu lange verwöhnt. Offenbar denkt man in Paris, London und Madrid: Deutschland übernimmt doch sonst die Rechnung, wieso nicht diesmal?

Ein vorläufiges Fazit

Wieso „vorläufig"? Wenn uns eine Grundhaltung im Moment besonders hilft, so ist es Bescheidenheit in Verbindung mit Lernfähigkeit. Alle Seiten in der Debatte sind zur Zeit festgefahren und scheinen felsenfeste, unversöhnliche Überzeugungen zu haben. Wie kann das sein, angesichts einer Krise, die es in der Form und Ausprägung noch nie gab? Alle Flüchtlingskrisen der Vergangenheit waren anders und sind nur schwer vergleichbar. Außerdem trug keiner aus der gegenwärtigen Führungsriege damals schon Verantwortung, so dass er jetzt Parallelen ziehen und Erfahrungswerte preisgeben könnte. Lernfähigkeit ist also das Gebot der Stunde.

Wir müssen nun lernen, *während* wir handeln. Und wir müssen bereit sein, alte Überzeugungen angesichts einer nationalen Notlage auch einmal zur Disposition zu stellen.

Darüber hinaus erreichen uns täglich neue Nachrichtenlagen. Alles ist im Fluss. Schon deshalb kann ein Fazit nur vorläufig sein. Nichts desto trotz gibt es eine Reihe von Fakten, die wir nicht länger ignorieren dürfen:

Erstens: Auch wenn es schmerzhaft ist: Integration ist in Deutschland in den vergangenen Jahrzehnten nicht wirklich gut gelungen. Darüber kann auch viel Schönfärberei und taktisches Ignorieren nicht hinwegtäuschen.

Zweitens: Wir müssen, wie ein verantwortungsvoll handelnder Kaufmann, mit den Zahlen arbeiten die wir haben. Das die Medien fast einhellig eine Bundesministerin angreifen, weil diese den Zuzug im Rahmen des Familiennachzugs thematisiert ist, nicht weniger als ein Skandal und ein Armutszeugnis für die deutsche Medienlandschaft. Es ist eine Selbstverständlichkeit, dass man sich unangenehmen Zahlen stellen muss. Und wenn diese nur schwer valide zu berechnen sind, ist das nur ein Grund mehr, konservativ zu rechnen, das heißt: durchaus von Worst-Case-Szenarien auszugehen. Wie wir untersucht haben, könnten in drei Wellen (Flüchtlinge; Familiennachzug; Fertilität) insgesamt ca. 10 Millionen Ausländer innerhalb weniger Jahre den Zuzug begehren.

Drittens: Selbst sehr wohlmeinende Beobachter gehen davon aus, dass diese Völkerwanderung angesichts der gewaltigen Anzahl und des kleinen Zeitfensters eine historische Zäsur für Deutschland darstellt.

Viertens: Diejenigen die da kommen, sind mit unserer Kultur, unseren Regeln und unseren Werten weitgehend eben *nicht* kompatibel und mutmaßlich auch nicht bereit, die deutsche Kultur als Leitkultur anzuerkennen. Eine deutliche Islamisierung der deutschen Gesellschaft zuungunsten von Frauen, Juden und Homosexuellen wäre das wahrscheinlichste aller denkbaren Szenarien. Wir dürfen uns nicht von einer weitgehend gleichgeschalteten Presse verunsichern lassen, die sich in Schwarz-Weiß-Denken übt und jeden in die Nähe von Faschisten rückt, der Zweifel an der langfristigen Sinnhaftigkeit der übertriebenen Willkommens-Hysterie äußert.

Aus diesen vier Schlussfolgerungen ergibt sich im logischen nächsten Schritt, dass wir der Krise eben *nicht* gewachsen sind. Die Politik muss unbedingt umsteuern und schon kurzfristig entmutigende Signale in die Flüchtlingslager diese Erde senden: Wir sind jetzt schon über unseren Möglichkeiten und jene, die schon hier sind, müssen in den meisten Fällen zurückkehren. Ähnlich wie die USA, die Schweiz und neuerdings auch Kanada müssen wir künftig Obergrenzen definieren – entweder implizit oder explizit – und uns zu einer pragmatischen Migrationspolitik durchringen. Wenn Bundeskanzlerin Merkel ihre eigene politische Zukunft mit dem Slogan „Wir schaffen das!" verknüpft hat, so muss sie eben gehen. Es sind Politiker für weniger zurückgetreten und sie verliert in der eigenen Partei mit jedem weiteren Tag an Rückhalt.

Und kurzfristig? Der Winter naht und unsere christlich-abendländischen Werte verpflichten uns, jenen die schon bei uns sind oder vor unseren Toren stehen, beizustehen. Allerdings nicht, indem wir ihnen hier eine dauerhafte Existenz in Aussicht stellen. Das wird nur für einen kleinen Anteil möglich sein. Nachdem wir die Menschen medizinisch und humanitär versorgt haben, sollten wir sie unbedingt zeitnah in ihre Herkunftsländer zurückschicken. Inwieweit wir

Flüchtlingslager nahe der Heimat dieser Menschen finanziell und personell unterstützen können, steht auf einem anderen Blatt und hängt auch davon ab, ob sich andere Länder zu einem Beitrag bewegen lassen. Reiche Ölstaaten können sich den Export von Moscheen sparen und statt dessen ihren Glaubensbrüdern helfen. Auch Europa und die USA sind gefordert.

Die langen Bearbeitungszeiten, die sich die Behörden gegenwärtig für die Bearbeitung eines Asylantrages und für die anschließende Rückführung leisten – sofern sie denn mal stattfinden – sind ein Skandal erster Güte und sowohl für die betroffenen Menschen als auch aus Steuerzahlersicht unerträglich.

Wem ein solches Vorgehen zu rigoros erscheint, dem sei ein Blick auf die Schweiz oder die USA empfohlen. Beide Länder fahren, wie an anderer Stelle geschildert, eine pragmatische und wirksame Politik der Begrenzung. Das die USA oder die Schweiz dafür als inhuman beschimpft werden, ist nicht bekannt. Warum also wird man in der innerdeutschen Debatte sofort in die Nähe der Rechten gerückt, wenn man Sorgen äußert? Wenn man Maßnahmen vorschlägt, die in anderen Ländern längst umgesetzt sind?

Zahlen, Daten und Fakten: Hintergründe...

...zur Verteilung und dem „Königssteiner Schlüssel“

Wie genau funktioniert eigentlich in Deutschland innerhalb der Bundesländer die Verteilung? Flüchtlinge werden zunächst bestimmten definierten Ersthilfe-Einrichtungen zugeteilt. Hierfür gibt es ein System namens EASY. „**E**rstverteilung von **Asy**lbegehren“. Dazu ist natürlich notwendig, dass die Asylwilligen sich zu den Einrichtungen begeben, denen sie amtlich zugeteilt sind. Das klappt jedoch nicht immer: Die Behörden schätzen, dass sich zehntausende Menschen im Land befinden, von deren Verbleib sie nichts weiß. Die meisten dürften sich in den großen Ballungszentren wie Hamburg und Berlin aufhalten. Bei einer Gelegenheit stoppten Flüchtlinge einen IC-Sonderzug der Deutschen Bahn bei Greppin mithilfe der Notbremse und machten sich dann über's freie Feld buchstäblich „vom Acker“.

Die eigentliche Verteilung auf die Bundesländer findet dann gemäß dem „Königssteiner Schlüssel“ statt, der die Aufnahmequoten regelt. Der Schlüssel wird nach den Steuereinnahmen und der Bevölkerungszahl der Länder berechnet:

Bundesland	**Quote 2015**
Baden-Württemberg	12,97496%
Bayern	15,33048%
Berlin	5,04557%
Brandenburg	3,08092%
Bremen	0,94097%
Hamburg	2,52738%
Hessen	7,31557%
Mecklenburg-Vorpommern	2,04165%
Niedersachsen	9,35696%
Nordrhein-Westfalen	21,24052%
Rheinland-Pfalz	4,83472%
Saarland	1,21566%
Sachsen	5,10067%
Sachsen-Anhalt	2,85771%
Schleswig-Holstein	3,38791%
Thüringen	2,75%

Nordrhein-Westfalen und Bayern liegen demnach ihrer Größe entsprechend vorn, während Thüringen, Bremen und das Saarland vergleichsweise wenige Flüchtlinge aufnehmen.

… zu den Hauptherkunftsländern

Die Zahlen für die Hauptherkunftsländer sind in der nachfolgenden Tabelle auf Basis behördlicher Angaben angegeben. Sie sind jedoch mit Vorsicht zu genießen: Erstens beruhen sie auf den Angaben der Flüchtlinge selbst, die in sehr vielen Fällen erolgen und erdichtet sind. Zum anderen tun sich die Behörden schwer mit einheitlichen Zahlen, da verschiedene Bundesländer, Bundes-, Landes-, und Kommunalbehörden mitmischen und unterschiedliche Zahlen zu unterschiedlichen Bearbeitungsständen mitteilen. Für eine generelle Übersicht sind die Zahlen dennoch hilfreich:

Länder (Stand bis September)	**Anzahl**
Syrien	70.500
Albanien	44.500
Kosovo	31500
Afghanistan	16000
Irak	15300
Serbien	14400
Mazedonien	7400
Eritrea	7300
Pakistan	5000
Ungeklärt	4500

Syrien ist das bei Weitem das Hauptherkunftsland der Flüchtlinge in Deutschland. Der Krieg in Syrien dauert nun seit vier Jahren an und schon 2014, also vor der großen Welle, stellten die Syrer ein Viertel der Asylgesuche in der Bundesrepublik. Die sogenannte Schutzquote, also die Quote der zugelassenen Flüchtlinge aus diesen Ländern beträgt fast 100 %.

Ob die Leute wirklich aus Syrien kommen, ist dabei noch fraglich. Es hat sich herumgesprochen, dass Syrer wegen des Bürgerkriegs besonders gute Chancen haben, in Deutschland bleiben zu dürfen. Schon schätzen offizielle Stellen, dass ein Drittel aller angebliche Syrer „falsche Syrer" sind. Hilfsorganisationen berichten von ausgefeilten Tricks, mit denen die deutschen Behörden an der Nase herumgeführt werden sollen: So lernen Iraker und andere „Neusyrer" die syrische Nationalhymne und machen sich mit der Geografie vertraut, um auf Nachfragen plausibel antworten zu können. Andere fragen auf dem Weg nach Europa gezielt Syrer aus, um sich rechtzeitig eine plausible Geschichte zurechtlegen zu können. Der Schwarzmarkt für syrische Pässe, Führerscheine und ähnliches floriert derweil.

Aus den Balkan-Staaten kommen insbesondere die sogenannten Armuts- beziehungsweise Wirtschaftsflüchtlinge. Das mag man menschlich verstehen – wir alle möchten gerne unter möglichst guten Bedingungen leben. Praktisch bleibt uns jedoch nichts anderes übrig, als den Zuzug dieser Bevölkerungsgruppen in den meisten Fällen rigoros zu unterbinden. Die genaue Unterscheidung von „echten" und „falschen" Asylgründen kann in der Praxis schwierig sein. So können sich Flüchtlinge aus dem Kosovo nicht wie die Syrer oder Iraker auf offensichtliche Kriege in ihrem Land berufen, andererseits gibt es immer Einzelfälle, in denen Menschen aufgrund nachhaltiger Diskriminierung oder etwa Clan-Fehden fliehen oder sogar um ihr

Leben fürchten müssen, da die rechtsstaatlichen Strukturen dort nicht hinreichend funktionstüchtig sind um Schutz zu bieten. Die Erfolgsquote der Asylgesuche aus den Balkan-Staaten liegt dennoch sehr niedrig. **Eritrea** gehört mit seiner Militärdiktatur zu den Schurkenstaaten dieser Erde. Das Land unterhält für seine Kritiker geheime Gefängnisse wie damals Argentinien in seinen dunkelsten Pinochet-Stunden. Flüchtlinge riskieren bei ihrer Flucht erschossen zu werden.

Gegenüber Afghanistan fühlt sich die Bundesregierung naturgemäß wohl stärker in der Pflicht, als gegenüber anderen Ländern: Die Bundeswehr ist dort seit Jahren massiv vertreten. Ende 2014 endete der 13 Jahre währende Einsatz allerdings bis auf eine Rumpftruppe weitgehend und nun erleben wir eine ungewöhnlich hohe Anzahl an Asylgesuchen aus den Land am Hindukusch.

Somalia ist ein Failed State, das heißt ein weitgehend von lokalen Verbrechern „regiertes“ und terrorisiertes Land ohne staatliche Strukturen und Rechtsstaatlichkeit.

Die Anerkennungsquote für Iraker liegt sehr hoch, dafür ist der Weg ein weiter: Hilfsorganisationen gehen davon aus, dass die Zahl der Flüchtlinge aus diesem Land deshalb zeitverzögert zunimmt. Die bürgerkriegsähnlichen Zustände in diesem von der IS terrorisierten Land sind bekannt.

...zu der Bearbeitungsdauer

Die durchschnittliche Bearbeitung eines Asylantrages dauert in Deutschland nicht wie in der Schweiz einige Tage, sondern 7,1 Monate. PRO ASYL kritisiert diesen Zustand als „behördlich verordnete Lebenszeitverschwendung“.

Dabei gibt es neben dem normalen Verfahren auch ein sogenanntes Schnellverfahren: Flüchtlinge aus besonders unsicheren Herkunftsländern wie Syrien erhalten schneller einen positiven Bescheid. Mutmaßliche Wirtschaftsflüchtlinge aus Ländern wie Serbien und Mazedonien durchlaufen ebenfalls das Schnellverfahren, denn man möchte sie zurecht gerne zügig wieder in ihre Heimat zurückbefördern. Das Problem des sogenannten Schnellverfahrens, dass aber dennoch Monate dauert, ist, dass dadurch die Bearbeitungszeit für die verbleibenden Flüchtlinge noch weiter anwächst. So betrug die Wartezeit für pakistanische Flüchtlinge 14,5 Monate. In all dieser Zeit müssen all diese Menschen untergebracht, ernährt, gekleidet und medizinisch versorgt werden. Im Grunde ist das schlicht ein Skandal und ein Fall für den Bundesrechnungshof.

...zu den Leistungen, die Flüchtlinge erhalten?

Zunächst natürlich Nahrung, Obdach und Kleidung in Form von Sachleistungen. Alleinstehende Erwachsene erhalten zudem 143 Euro monatlich zur freien Verfügung. Paare erhalten je 129 Euro und für die Kinder 84 Euro bis 92 Euro.

Welche Leistungen sie erhalten sagt jedoch noch nichts über die Kosten aus. Ein großer Behördenapparat zur Bearbeitung der Fälle kostet Geld; das hin- und herschicken und Verteilen im Land kostet ebenso Geld wie die Rückführung und alleine die Sprachkurse dürften mit 2 Milliarden Euro zu Buche schlagen. Insgesamt werden zunächst Kosten von etwa zehn Milliarden Euro veranschlagt. Verglichen damit liegen die ährlichen Kosten für Hartz IV bei etwa 32 Millionen Euro, doch gehen die Kosten auch teilweise ineinander über: Die Politik rechnet mittelfristig mit deutlich steigenden Hartz IV-Kosten durch die Flüchtlinge.

...zu der Frage, wann Migranten dem Arbeitsmarkt zur Verfügung stehen

Nicht so ohne Weiteres. In den ersten drei Monaten nach ihrer Ankunft ist das den Flüchtlingen grundsätzlich verwehrt. Danach greift eine komplizierte und merkwürdige „Vorrangprüfung". Sofort arbeiten dürfen Asylbewerber, sobald ihr Antrag genehmigt ist, sie also „anerkannte Asylbewerber" geworden sind.

Aus politischer Sicht ist die Frage, ob Flüchtlinge arbeiten dürfen ambivalent. Da die Kosten hoch sind, wünscht man sich natürlich einen Beitrag der Leute: Sie sollen möglichst, wenn sie schon hier sind, auch arbeiten und selbst für ihren Lebensunterhalt aufkommen. Andererseits sind die meisten derer, die Deutschland heute aufnimmt, nur gering oder gar nicht qualifiziert und machen damit am unteren Ende der Skala bei den sehr einfachen Arbeiten Konkurrenz. Dieser Arbeitsmarktsektor, der ohnehin in Deutschland ausgedünnt ist, gerät damit noch mehr unter Druck.

Angesichts der vielen Hürden ist das aber vielfach kein Thema. Die eineinhalb Millionen Flüchtlinge die nun ins Land streben, landen nicht alle unmittelbar auf den Arbeitsmarkt. Selbst dann nicht, wenn Deutschland so verrückt wäre, all diesen Menschen einen dauerhaften Aufenthaltsstatus zuzusichern: Zunächst muss also, wie schon beschrieben, das meist langwierige Statusverfahren durchgeführt werden. Dann gibt es ja immer noch die sprachliche Hürde. Nur wer der deutschen Sprache mächtig ist, kann sich überhaupt bewerben. Dann ist es so, dass viele ausländische Abschlüsse hier nicht anerkannt werden: Syrische Ingenieure dürfen hier nicht ohne Weiteres Brücken bauen und irakische Ärzte nicht mal eben operieren. Es gilt dann also, auf dem nicht immer leichten deutschen Arbeitsmarkt überhaupt erst mal eine Stelle zu erhalten.

Wie auch sonst oft, gilt es, bei der Bewertung dieser Frage nicht in Hysterie zu verfallen. Aus den sozialen Medien kommt häufig der unreflektierte Vorwurf, die Flüchtlinge nähmen uns die Arbeit weg. Zugleich hört man, die faulen Flüchtlinge wollen es sich nur auf Kosten unseres Sozialstaats bequem machen. Mal abgesehen davon, dass beide Aussagen in ihrer Absolutheit für sich genommen gar nicht stimmen, passen sie auch nicht zusammen. Was soll das denn für ein Flüchtling sein, der mir einerseits meinen Arbeitsplatz wegnimmt und andererseits den Tag mit Hartz IV verbringt? Von „Schrödingers Flüchtling" sprach ein ironischer Kommentator auf Twitter in diesem Zusammenhang.

...zum Bleiberecht. Wer darf aktuell im Land bleiben?

Rechtsquellen sind die Genfer Konvention und der Art. 16a der deutschen Verfassung. In Artikel 16a des Grundgesetzes heißt es im Wortlaut:

(1) Politisch Verfolgte genießen Asylrecht.

(2) Auf Absatz 1 kann sich nicht berufen, wer aus einem Mitgliedstaat der Europäischen Gemeinschaften oder aus einem anderen Drittstaat einreist, in dem die Anwendung des Abkommens über die Rechtsstellung der Flüchtlinge und der Konvention zum Schutze der Menschenrechte und Grundfreiheiten sichergestellt ist. Die Staaten außerhalb der Europäischen Gemeinschaften, auf die die Voraussetzungen des Satzes 1 zutreffen, werden durch Gesetz, das der Zustimmung des Bundesrates bedarf, bestimmt. In den Fällen des Satzes 1 können aufenthaltsbeendende Maßnahmen unabhängig von einem hiergegen eingelegten Rechtsbehelf vollzogen werden.

(3) Durch Gesetz, das der Zustimmung des Bundesrates bedarf, können Staaten bestimmt werden, bei denen auf Grund der Rechtslage, der Rechtsanwendung und der allgemeinen politischen Verhältnisse gewährleistet erscheint, daß dort weder

politische Verfolgung noch unmenschliche oder erniedrigende Bestrafung oder Behandlung stattfindet. Es wird vermutet, daß ein Ausländer aus einem solchen Staat nicht verfolgt wird, solange er nicht Tatsachen vorträgt, die die Annahme begründen, daß er entgegen dieser Vermutung politisch verfolgt wird.

(4) Die Vollziehung aufenthaltsbeendender Maßnahmen wird in den Fällen des Absatzes 3 und in anderen Fällen, die offensichtlich unbegründet sind oder als offensichtlich unbegründet gelten, durch das Gericht nur ausgesetzt, wenn ernstliche Zweifel an der Rechtmäßigkeit der Maßnahme bestehen; der Prüfungsumfang kann eingeschränkt werden und verspätetes Vorbringen unberücksichtigt bleiben. Das Nähere ist durch Gesetz zu bestimmen.

(5) Die Absätze 1 bis 4 stehen völkerrechtlichen Verträgen von Mitgliedstaaten der Europäischen Gemeinschaften untereinander und mit dritten Staaten nicht entgegen, die unter Beachtung der Verpflichtungen aus dem Abkommen über die Rechtsstellung der Flüchtlinge und der Konvention zum Schutze der Menschenrechte und Grundfreiheiten, deren Anwendung in den Vertragsstaaten sichergestellt sein muss, Zuständigkeitsregelungen für die Prüfung von Asylbegehren einschließlich der gegenseitigen Anerkennung von Asylentscheidungen treffen.

Der Genfer Flüchtlingskonvention (GFK) gehört Deutschland neben 150 anderen Staaten schon seit 1951 an. Darin ist festgehalten, dass Menschen dann als Flüchtlinge gelten, wenn sie wegen ihrer Rasse, Religion, Nationalität, politischen Überzeugung oder der Zugehörigkeit zu einer sozialen Gruppe ihr Herkunftsland verlassen mussten.

Die meisten syrischen Asylbewerber erhalten in Deutschland Schutz aufgrund ihrer Einordnung als Flüchtling laut der Genfer Flüchtlingskonvention. Die Diskussion über eine Änderung des deutschen Asylrechts muss deshalb auch immer diese internationalen Verpflichtungen im Auge behalten. Das kann aber im Ergebnis nicht heißen, dass wir hier unbegrenzt unsere Grenzen öffnen: Die anderen rund 150 Länder der GFK finden jedenfalls nichts dabei, eine eher restriktive Politik zulasten Deutschlands zu fahren.

...zum Asylverfahren

Wie wird eigentlich ein Asylverfahren entschieden? Stellen Sie sich vor, sie gelangen als Syrer nach einem längeren Zwischenstopp in Jordanien über die deutsche Grenze und möchten hier gerne anerkannter Asylbewerber werden. Dann werden Sie zunächst entsprechend dem EASY-Verfahren und dem Königsteiner Schlüssel irgendwo im Land untergebracht, wo es den Behörden schlüssig erscheint. Dass Sie möglicherweise Verwandte im Land haben und in deren Nähe wohnen möchten, kann zunächst noch nicht berücksichtigt werden.

Sie stellen dann mithilfe von Behördenmitarbeitern und freiwilligen Helfern – sie sprechen die Sprache ja nicht – einen Asylantrag beim Bundesamt für Migration und Flüchtlinge, dem allmächtigen BAMF. Während der Antragstellung werden Sie über Ihre Rechte und Pflichten belehrt und erhalten die wichtigsten Infos in Ihrer Muttersprache schriftlich ausgehändigt. Gut also, wenn Sie kein Analphabet sind. In einer persönlichen Anhörung werden sie von einem Mitarbeiter des Amtes persönlich zu ihren Fluchtgründen angehört.

Viele Asylbewerber sind mit dieser Tatsache schon vor ihrer Flucht vertraut und legen sich, wenn sie keine echten legitimen Fluchtgründe haben, deshalb eine Geschichte zurecht. Hilfsorganisationen berichteten in den vergangenen Wochen, dass sich viele Menschen als Syrer ausgeben, auf der Flucht gezielt die syrische Nationalhymne auswendig lernen und sich mit der syrischen Geografie vertraut machen.

Sie haben nun also die Gelegenheit, ihre Fluchtgründe und alle Gründe vorzutragen, die einer Rückkehr in ihr Heimatland entgegenstehen. Die Entscheidung, falls Sie sie noch nicht aus den Gesicht Ihres Gegenübers ablesen können, wird Ihnen dann nach dem Ende des Verfahrens schriftlich samt Rechtsbehelfsbelehrung zugestellt. Wie es sich für eine behördliche Entscheidung gehört. Wenn Sie nicht einverstanden sind, können Sie gegen die Entscheidung klagen.

Die Dauer Ihres Verfahrens beträgt im Zweifel viele Monate und ist für alle beteiligten Personenkreise eine komplette Zumutung: Für Sie, weil sie Klarheit und Gewissheit haben möchten. Für Ihre Verwandten, die entweder nachgezogen oder aus der Ferne finanziell unterstützt werden möchte und für den deutschen Steuerzahler. Denn der muss für Sie und hunderttausende andere Asylbewerber für einen völlig unnötig langen Zeitraum erhebliche Kosten auf sich nehmen.

...zur Ausweisung. Wie läuft eigentlich eine Abschiebung ab?

Die Beamten kommen meist mitten in der Nacht. Zwar wird die Ablehnung des Asylantrages schriftlich mitgeteilt, doch der daraus folgende Ausreisetermin wird häufig nicht verraten. Der Grund ist, dass sich andernfalls zu viele dem unerwünschten Termin der Rückführung entziehen. Der nächtliche Polizeieinsatz hat aber auch logistische Gründe: Die Fahrt zum Flughafen, die Kontrolle und Befragung am Flughafen, das Check-in und die Flugzeit selbst – das alles kostet Zeit und die Rückkehrer sollen nicht mitten in der Nacht am Zielflughafen ankommen.

Für die Flüchtlinge kann das nur eine unangenehme Erfahrung sein: Sie haben im Zweifel große Mühen und Kosten auf sich genommen um nach Deutschland zu kommen, nun war alles umsonst.

Wer sich wehrt, kann damit unter Umständen seine Abschiebung erst einmal verhindern. Beim nächsten Termin wird er dafür sofort fixiert, was bei einer längeren Reise nicht ganz angenehm sein kann. Die Beamten der europäischen Agentur Frontex, die für die Abschiebungen zuständig ist, chartern normalerweise ganze Flugzeuge. Zwar können auch einmal normale Linienflüge gebucht werden, doch wenn die Abzuschiebenden sich wehren und laut werden, dürfte der Vorgang abgebrochen werden. Das letzte Wort hat in einem Flugzeug immer der Kapitän, der die Unruhestifter samt begleitenden Grenzschutzbeamten immer des Flugzeuges verweisen kann.

Bevor es wirklich ins Flugzeug geht, werden die Abzuschiebenden gründlich durchsucht. Spitze oder sonstige gefährliche Gegenstände müssen sichergestellt werden, damit die Menschen weder sich noch die Grenzschutzbeamten verletzten können. Aus dem gleichen Grund werden an Bord während des Fluges heiße Speisen oder Getränke vermieden.

Für die Sitzordnung an Bord wird eine Gefahrenanalyse zugrunde gelegt. Familien sitzen natürlich zusammen, doch einzelnen jungen Männern wird im Zweifel ein Sitz zwischen zwei Beamten zugeteilt. Eventuelle Straftäter oder aggressive Personen werden abgesondert positioniert.

„Ich bin der Meinung, man muss nicht so viel Angst haben, wenn Menschen eine andere Meinung haben.“

Angela Merkel

Stichwortverzeichnis

Klappentext

Schluss mit Denkverboten. Lassen Sie uns Klartext reden. Dieses Land steht vor den tiefgreifendsten Veränderungen seit der Wende. Eine beispiellose Zuwanderung islamischer Prägung steht vor der Tür, obwohl jene, die bereits hier sind, alles andere als integriert sind.

Die Lage eskaliert und spitzt sich von Tag zu Tag zu. Gegen die Flüchtlingskrise waren alle Krisen der vergangenen Jahre um Euro, Griechenland und Banken ein Sturm im Wasserglas. Je mehr sich die besserwisserische politische Elite abschottet, begleitet vom vielstimmigen Geschwätz der liberalen Medien, desto mehr radikalisiert sich die Straße. Körbeweise Morddrohungen, öffentliche Rufe nach Konzentrationslagern und ein Attentat – all das ist auch Ergebnis einer Politik, die es nicht schafft, die berechtigten Bedürfnisse der eigenen Bevölkerung zu wahren und Ängsten zu begegnen.

Die Kanzlerin lädt persönlich die Armen aller Länder ein und öffnet die Grenzen. Ein Staat ohne funktionierende Außengrenzen kann jedoch nur im Innern zerreißen. Wenn die Politik jetzt nicht radikal umschwenkt, so gerät der soziale Friede ins Wanken. Müssen hierzulande erst riesige Zeltstädte wie in Jordanien und Pakistan entstehen, bevor die politische Klasse aufwacht?

Der Autor, Jahrgang 1978, ist promovierter Wirtschaftswissenschaftler und lebt und arbeitet in Hamburg.

Wir schaffen das *nicht*!

Warum Deutschland in der Flüchtlingskrise *jetzt* umsteuern muss

Rezensionen, Hinweise und Anregungen auf Amazon und andernorts sind vom Autor gerne erwünscht. Vielen Dank für Ihr Interesse!

15508371R00060

Printed in Poland
by Amazon Fulfillment
Poland Sp. z o.o., Wrocław